CON
BOOK.

MARKUS LESWENG

HOW TO KILL YOURSELF ABROAD

DER ATLAS FÜR WAGHALSIGE, LEICHTSINNIGE UND LEBENSMÜDE

1. Auflage

www.conbook-verlag.de

Dieses Werk wurde vermittelt durch Aenne Glienke | Agentur für Autoren und Verlage, www.AenneGlienkeAgentur.de.
Einbandgestaltung: Weiß-Freiburg GmbH – Graphik & Buchgestaltung
unter Verwendung von Motiven von © PUTSADA, © JackF und © akf
Satz: Weiß-Freiburg GmbH – Graphik & Buchgestaltung
Druck und Verarbeitung: Himmer GmbH Druckerei, Augsburg

Printed in Germany

ISBN 978-3-95889-201-9

INHALT

BÄRENHUNGER
MAHLSTROM
MILZBRAND
NEUGIERDE
SCHÄDELBASISBRUCH
EINZELFALL
WINDCHILL
VERÄTZUNG
SCHWELBRAND
SELBSTMORD DURCH ZWEI SCHÜSSE IN DEN HINTERKOPF
TWISTER
HITZE
ANGST
KETTENSÄGE
SPURLOSES VERSCHWINDEN
MORD UND TOTSCHLAG
DSCHUNGEL
BLITZSCHLAG
KILLERVIREN
ATEM DES TEUFELS
LIMNISCHE ERUPTION
AUTOUNFALL
PLUTONIUM
GIFTSCHLANGEN
WASSERMANGEL
EINSAMKEIT
ABSTURZ
GOTTVERLASSENHEIT

SCHWERMETALLE
GIFTGAS
CHEMISCHE
WAFFEN
AKUTE
STRAHLENKRANKHEIT
VERIRRUNG
BIOWAFFEN
FÜSILIEREN
NEUROTOXIN
SCHWEFELGASE
DSCHIHAD
TIEFENRAUSCH
HÖHENKRANKHEIT
FLUGZEUGUNGLÜCK
TIGER
GOTTES ZORN
KROKODILE
DICHTESTRESS
VERDURSTEN
PIRATERIE
XENOPHOBIE
DRUCK
FAILED STATE
FEHLENDE SCHWIMMWESTE
VA
LAUGE
SÄURE
BISSWUNDE
SCHNITTWUNDEN
ALLES
MÖGLICHE
HAIANGRIFF
GIFTSPINNE
REISE OHNE RÜCKKEHR
PARADOXON
FEINSTAUB
ERFRIEREN

VORWORT

Reisebücher gibt es wie Sand am Meer. Für jedes Land auf jedem Kontinent gibt es eine Fülle an Ratgebern und Reiselisten, die die Lust auf den Urlaub wecken sollen. Wie soll man sich da überhaupt entscheiden?

Einen Ausweg gibt dieses Buch, denn es ist das letzte – pardon – einzige, das der Reisende von Welt jemals benötigen wird. Je mehr Orte von dieser Auswahl der gefährlichsten Ziele auf unserem Planeten man besucht, desto geringer ist die Chance, dass man sich jemals ein weiteres Reisebuch zulegen kann – pardon – muss.

In diesem Atlas für Waghalsige, Leichtsinnige und Lebensmüde ist für wahrlich jeden etwas dabei: Ziele, bei denen man einen kleinen Nervenkitzel umsonst dazubekommt. Ziele, bei denen man besser vorher eine umfassende Reiseversicherung abschließt. Und natürlich auch Ziele, bei denen die Rückkehr eher unwahrscheinlich ist. All das garniert mit den schönsten Anekdoten, praktischen Informationen und einem gelegentlichen, sanften Hauch von Zynismus.

Manche der hier präsentierten Gefahren sind menschengemacht, andere sind völlig natürlich. Einige sind leicht zu erreichen und vielbereist, andere liegen weitab der ausgetretenen Pfade und erfordern ein hohes Maß an Zeit, Mut und Geduld. Allen Orten ist jedoch eines gemeinsam: Sie sind ebenso faszinierend wie gefährlich. Ob Sie eine Inspiration für Ihren nächsten Trip suchen oder sich nur ein wenig gruseln möchten – ich hoffe, es gelingt mir, Ihnen diese Faszination näherzubringen. Mögen Sie beim Lesen so viel Freude haben wie ich bei der Recherche!

BIOWAFFEN

INSEL DER WIEDERGEBURT, USBEKISTAN

KOSTEN €€€ **GEFAHR** 4/5 **SPEKTAKEL** 1/5

In den Zwanzigerjahren des vergangenen Jahrhunderts beschlossen die Sowjets, es sei höchste Eisenbahn, eigene Biowaffen zu entwickeln. Dazu etablierten sie ein entsprechendes Forschungszentrum weitab von Moskau und weitab von feindlichen Grenzen, im tiefsten Herzen der Sowjetunion. Auf der Insel der Wiedergeburt, Wosroschdenija, einem Eiland inmitten des riesigen Aralsees, begannen sie in den Dreißigern mit ersten Versuchen, doch was sich hier in den nächsten zwei Jahrzehnten abspielte, ist bis heute schleierhaft.

Besser dokumentiert sind die Aktivitäten seit 1954, als das Verteidigungsministerium die Insel als Basis für das Biopreparat-Programm erkor. Als Forschung zu medizinischen Zwecken getarnt, entwickelte man hier potenzielle Massenvernichtungswaffen. Dazu spielte man an den gefährlichsten Viren und Bakterien herum, die der Planet zu bieten hat, darunter Milzbranderreger, Pocken und die gute alte Pest.

Damit sich die »Forscher« in der Einsamkeit inmitten des ohnehin schon sehr abgelegenen Aralsees ein bisschen wohler fühlten, errichtete man eine kleine Stadt auf der Insel – Kantubek –, die die Annehmlichkeiten des – ausgerechnet! – bürgerlichen Lebens bieten sollte, inklusive eines eigenen Flughafens. Herausragende Lebensqualität

konnten die Quartiere ihren rund 1.500 Einwohnern sicher nicht bieten, aber zumindest ein Klubhaus, eine Kantine und ein kleines Stadium.

Im Grunde genommen hätte man in Ruhe und Frieden Killerviren züchten können, zumal in der Sowjetunion niemand genau darüber Bescheid wissen durfte, was hier eigentlich vor sich ging. Dummerweise infizierten sich zwar Anwohner der 250 Kilometer entfernten Stadt Aral mit Anthrax-Sporen; zudem wurden die Fischer stutzig, als es zu einem Massensterben ihrer Beute kam. All das sollte aber der »Forschung« nicht im Wege stehen.

Doch die Geschichte kennt eine andere Wendung. Die Sowjetunion brach zusammen, und die Station Aralsk-7 – so ihr offizieller Name – wurde hastig verlassen. Der biologische Sondermüll wurde in Fässer gepackt, die bestenfalls verscharrt, oftmals aber auch schlicht sich selbst überlassen wurden, um in der Sonne ungestört vor sich hin zu rosten. Was sie enthalten, weiß niemand – mit ein bisschen Glück ist der Inhalt abgestorben, mit ein bisschen Pech enthält er Killersporen, die durch ein Leck nach außen dringen und auf einen neugierigen Wirt, der sich in ihre Nähe wagt, nur warten.

Heute liegt die Region an der usbekisch-kasachischen Grenze. Und zu allem Übel ist der Aralsee, einst eines der größten Gewässer der Erde, weitestgehend ausgetrocknet. Die Insel der Wiedergeburt wurde zunächst zur Halbinsel der Wiedergeburt, wenige Jahre darauf war sie vom Festland umschlossen.

Weder die Usbeken noch die Kasachen wurden von den Russen darüber aufgeklärt, wie die Insel einst genutzt wurde, und mussten es mithilfe ausländischer Experten mühselig herausfinden. Bei deren Untersuchungen stieß man – unter anderem – auf aktive Milzbranderreger im Boden. Was sonst noch lauert, bleibt auf immer sowjetisches Staatsgeheimnis.

Mit Unterstützung der USA haben beide anliegenden Nationen 2002 versucht, die Risiken der Verseuchung abzuschätzen und zumindest die Endlagerstätten für den Biomüll zu erneuern und bei der Gelegenheit zu dekontaminieren. Ob diese Aktion von Erfolg gekrönt war, wird nur die Zukunft zeigen: Einige der Erreger, die hier entwickelt wurden, können Jahrzehnte überdauern – oder sich auf den einheimischen Nagetieren unkontrolliert weiterentwickeln.

▲ Dieser Schrott ist völlig harmlos. Oder er enthält Killerviren, die die Menschheit beenden werden. Je nachdem.

FAZIT: Jeder, der möchte, kann die Geisterstadt Kantubek erkunden. Sicher, gestattet ist das nicht, aber wer könnte schon widerstehen? Und wer soll einen daran hindern? Dieser Teil der Welt ist verdammt einsam. Man sollte sich allerdings nicht erwischen lassen, denn Usbekistan gilt nicht als Hort von Pressefreiheit und Menschenrechten.

Die meisten Testgelände, Anlagen und die Geisterstadt Kantubek liegen heute auf usbekischem Gelände. Die Anreise erfordert aber ein wenig Geduld: Die Reste des Aralsees liegen im Nordwesten des Landes. Von der Hauptstadt Taschkent aus sind es rund 1.000 Kilometer bis zur letzten größeren Stadt, Nukus, und noch weitere 250 Kilometer bis nach Moynoq, dem Ende der befestigten Straße. Von hier aus sind es Luftlinie immer noch 150 Kilometer bis zur Geisterstadt. Wer dort herumstöbert, sollte sich zweimal überlegen, ob er etwas anfassen möchte. Anders als beispielsweise in Tschernobyl ist das Risiko hier nicht einmal im Ansatz kalkulierbar.

◂ Schatzsuche einmal anders: Stöbern in der Geisterstadt Kantubek.

GIFTSCHLANGEN

QUEIMADA GRANDE, BRASILIEN

KOSTEN €€€ (3 von 5) **GEFAHR** (5 von 5) **SPEKTAKEL** (3 von 5)

Mit der Fußball-WM 2014 und den Olympischen Spielen in Rio de Janeiro nur zwei Jahre später wurde der Weltöffentlichkeit bewusst, dass es in Brasilien für ein Land, das sich mit »Ordnung und Fortschritt« auf seiner Flagge rühmt, stellenweise äußert unzivilisiert vonstattengeht. Als Hauptprobleme des Landes gelten die massive Korruption, die weite Teile der brasilianischen Elite zu umfassen scheint, sowie die erschreckende Gewaltbereitschaft.

Dennoch zieht das Land – und vor allem seine bekannteste Stadt Rio de Janeiro – jedes Jahr Millionen von Touristen an. Erstaunlicherweise gelten dabei geführte Tours durch die Favelas, Rios Armenviertel, als eine der beliebtesten Attraktionen. Die kriminellen Gangs, die den Drogenhandel in den Favelas kontrollieren, akzeptieren geführte Besuchergruppen, solange sie ein adäquates Schutzgeld erhalten.

Heißt: Wenn in Brasilien der Zugang zu einem Ort verboten ist, weil er als zu gefährlich gilt, kann man von davon ausgehen, dass dies mehr als nur ein mütterlicher Ratschlag ist. Genauso verhält es sich mit der »Schlangeninsel« Queimada Grande, einem kleinen Eiland, 35 Kilometer vor der Küste Brasiliens gelegen, unweit von São Paulo.

Obwohl die Insel vergleichsweise winzig ist (weniger als ein halber Quadratkilometer Fläche), eilt ihr Ruf ihr voraus, denn nirgendwo auf der Welt – geschweige denn in Brasilien – gibt es eine höhere Dichte an Schlangen. Die Schätzungen schwanken zwischen einer und fünf Schlangen pro Quadratmeter, versteckt in Bäumen und Felsspalten. Es versteht sich von selbst, dass darunter auch giftige Exemplare weilen, allen voran die Insel-Lanzenotter, die als giftigste Viper der Welt gilt.

Bisse dieser Reptilien verursachen unter anderem Nierenversagen und Hirnblutungen durch ein Blutgift, mit welchem die Beute schon einmal vorverdaut werden kann, bevor sie verschlungen wird. Zur Sicherheit besitzen die Vipern auf Queimada Grande auch noch ein zusätzliches Neurotoxin, das kleinere Tiere innerhalb von Sekunden umbringen kann. Was das Toxin beim Menschen anrichtet, ist nicht exakt bekannt, da kein Bissopfer lange genug überlebt hat, um auch nur flüchtig untersucht zu werden.

Unter diesen Voraussetzungen ist es kein Wunder, dass sich Legenden um die kleine Insel nur so ranken. Die Einheimischen erzählen mit Vorliebe von dem arglosen Fischer, der an der Insel anlegte, um dort Bananen zu ernten. Gefunden wurde er Tage später in seinem Boot, von Schlangenbissen überzogen und in einer großen Pfütze aus Blut. Einst sollte auch ein Leuchtturm Schiffe vor der Insel warnen, doch man ahnt bereits, wie es dem armen Leuchtturmwärter ergangen ist.

Natürlich halten sich auch Legenden darüber, wie die Schlangen auf die Insel gelangen und dort derart dominant werden konnten – doch zumindest hier hat die Wissenschaft bereits eine Antwort parat. Bis vor rund 10.000 Jahren war die Insel mit dem Festland verbunden, doch die Trennung vom heutigen Brasilien und eine Umgebung ohne natürliche Feinde ließen die hochgiftige Fauna florieren. Die Beute kommt in Form migrierender Vögel quasi direkt ins Maul geflogen.

Zumindest bis heute, denn die Insel-Lanzenotter ist vom Aussterben bedroht. Zum einen liegt das an ihrem – natürlich sehr begrenzten – Genpool, zum anderen an dem hohen Wert, den die Tiere auf dem Schwarzmarkt erzielen. »Biopiraten« können für ein gesundes Exemplar mehrere Zehntausend Dollar bekommen, was die Frage beantworten dürfte, weshalb überhaupt jemand jemals auch nur einen Fuß auf die Schlangeninsel setzen sollte. Für die Medizin wäre das Aussterben der Art jedoch ein großer Verlust – Forscher vermuten, dass sich das Gift medizinisch als äußerst wertvoll herausstellen wird, etwa zur Behandlung von Herz-Kreislauf-Krankheiten und sogar Krebs.

Bleibt die Frage, ob sich der Trip lohnt. Einen ersten Hinweis liefert das Zitat eines Filmproduzenten, der seine Erfahrungen auf Queimada Grande geradezu poetisch zusammenfasste: »Es ist wie ein David-Lynch-Film, betrachtet durch ein Prisma aus Satans Arschloch. Es ist das Anti-Galapagos, Darwin im Rückwärtsgang.« Wem die Schlangen allein zu langweilig sind, kann sich noch an blauen Heuschrecken und prähistorischen Kakerlaken erfreuen, die die Insel wie einen Teppich überziehen.

FAZIT: Wenige Destinationen auf der Welt bieten eine solch hervorragende Chance auf ein verfrühtes und vergleichsweise zügiges Ableben. Selbst in Australien, das für seine Giftschlangen weltberühmt ist, muss man mitunter lange suchen – doch nicht auf Queimada Grande. Zudem glänzt die Insel mit der vollkommenen Abwesenheit jeglicher medizinischen Versorgung, einem jahrrund angenehmen Klima und einer wenig strapaziösen Anreise.

Von São Paulo sind es weniger als drei Stunden Autofahrt bis nach Peruíbe oder Itanhaém, wo man lokale Fischer mit entsprechenden finanziellen Anreizen überreden kann, einen zur Insel zu chauffieren. Auf dem offiziellen Wege wird es schwieriger, denn einzig Forschergruppen eines lokalen Instituts sowie die brasilianische Marine besuchen die Insel in regelmäßigen Abständen.

▾ In diesem Bild hat der Künstler eine Million Schlangen versteckt.

Biss zum Abend tot: Eine Begegnung mit der einheimischen Lanzenotter endet zumeist unvorteilhaft für den Besucher von außerhalb.

SCHÄDELBASISBRUCH

THE STRID, ENGLAND

KOSTEN **GEFAHR** **SPEKTAKEL**

Es gibt wohl wenige Orte auf der Welt, die so harmlos und idyllisch aussehen wie The Strid, aber zugleich so tödlich sind. Bei The Strid handelt es sich um einen Abschnitt des Flusses Wharfe, der nördlich von Leeds durch Yorkshire fließt.

In diesem Teil von England sieht England exakt so aus, wie man es sich ausmalt: sanfte Hügel, knallgrüne Wiesen, kleine Häuschen. Und mittendrin fließt der River Wharfe. Bis er den Abschnitt erreicht, der als Strid berühmt-berüchtigt ist, fließt er gemächlich dahin. Mit rund zehn Metern Breite wirkt er malerisch, aber sicher nicht wie ein reißender oder gar gefährlicher Fluss.

Doch wenige Meilen flussabwärts ist diese Einschätzung zu überdenken. Der breite, flache Fluss verengt sich hier in kürzester Zeit zu einem Bach, den man vielleicht überspringen kann, der aber wesentlich tiefer ist und vor allem eine extreme Strömung aufweist. Umgeben ist dieser reißende Bach von teils glatten, teils moosbewachsenen Felsen, auf denen man hervorragend ausrutschen kann. Dies ist jedoch nicht zu empfehlen, da der Fluss als einziges Gewässer der Welt eine hundertprozentige Mortalitätsrate aufweist. Auch wenn The Strid harmlos aussieht: Niemand, der hineinfällt, überlebt.

Zu verdanken ist dies der Geomorphologie des Flusses. In kürzester Zeit verengt er sich, fließt schneller, untergräbt das Ufer, bildet unzählige Strudel und reißt alles mit sich, nur um es unzählige Male gegen die Kalksteinwände zu schleudern. Der Effekt ist ähnlich demjenigen hinter einer Staumauer oder einem Wehr: Das Wasser kreiert einen kräftigen Sog, aus dem es auch für erfahrene Schwimmer kein Entkommen gibt. Es ist, als würde der Fluss auf die Seite gedreht. Wie tief er ist, weiß allerdings niemand, denn die Strömung ist zu stark, um die Tiefe überhaupt messen zu können.

Der erste überlieferte Ausrutscher stammt aus dem zwölften Jahrhundert. Die Legende spricht von einem jungen Anwärter auf den schottischen Thron, der über den Bach springen wollte, aber bloß hineinfiel und damit seinen Anspruch auf den Thron, nun, verwirkte. Seitdem gehen hier in unregelmäßigen Abständen Menschen zum letzten Male baden. Kurz vor der Jahrtausendwende traf es ein Pärchen auf Hochzeitsreise, das unter rätselhaften Umständen ins Wasser fiel; 2010 war es ein Achtjähriger, der seinen Geburtstag feiern wollte, stattdessen aber auf einem Stein am Ufer ausrutschte und erst drei Stunden später wiederauftauchte.

Die genaue Zahl an Opfern, die der Fluss bislang gefordert hat, bleibt ein Mysterium. Überlebende sind zwar nicht bekannt, aber einige der Legenden um The Strid können getrost als Seemannsgarn abgetan werden – allen voran, dass ein geisterhaftes Pferd aus den Fluten steigt, geritten von einer Feenkönigin, um seine Opfer ins nasse Grab zu ziehen.

Aber auch ohne Geisterpony bleibt The Strid furchteinflößend. Ein Professor für Umwelt in London formulierte es vorsichtig: »Es ist kein guter Ort zum Spielen.« Andere Experten sind in ihrer Wortwahl deutlicher und erklären, der Fluss könne einen »pulverisieren«. Die Strudel sind zu stark, um ihnen zu entrinnen, und mancher, der ins Wasser gefallen ist, ist erst Monate später dem Sog entkommen. Die Zahl lokaler Vermisstenmeldungen legt allerdings nahe, dass noch

▸ Eiskalt, aber brandgefährlich: Die Idylle Yorkshires täuscht darüber hinweg, wie gefährlich The Strid ist.

mehr Menschen im Fluss verschwunden, aber niemals wiederaufgetaucht sind. Und nie wiederauftauchen werden. Um mehr zu erfahren, muss man sie besuchen.

FAZIT: Reizvolle Option für den Reisenden mit schmalem Budget. Ideal auch für diejenigen, bei denen es nach einem Unfall aussehen muss (»Ich schwöre, Großmutter ist einfach ausgerutscht!«).

Die Anreise nach Harrogate nördlich von Leeds ist vergleichsweise unkompliziert. Die Landschaft ist malerisch, Punktabzug gibt es hier allenfalls für die Qualität des Essens. The Strid selbst ist wohlbekannt – ein beliebtes Ausflugsziel und Teil verschiedener Wanderwege. Der Fluss vereint minimalen Aufwand mit maximaler Gefahr. Wer hineinfällt und dabei gesehen wird – oder zumindest im Anschluss gefunden –, wird es in die Schlagzeilen der englischen Presse schaffen. Ansonsten reicht es wohl nur für eine wenig glamouröse Vermisstenmeldung auf Seite 2. Es ist aber eine Frage der Zeit, bis jemand The Strid als Herausforderung interpretiert und mit voller Absicht baden geht, um den Mythos zu entkräften.

GOTTES ZORN

MEKKA, SAUDI-ARABIEN

KOSTEN GEFAHR SPEKTAKEL

Spätestens seit Hape Kerkelings »Ich bin dann mal weg« hat man hierzulande eine sehr romantisierte Vorstellung von Pilgerreisen. Eine mehrtägige Wanderung durch malerische Landschaften, sich von Hostel zu Hostel vögeln, sich dabei »selbst finden« und nachher darüber faseln, wie man sich spirituell erleuchtet fühlt – idealerweise noch garniert mit ein bisschen Konsum- und Kapitalismuskritik, mit denen man die Selfies auf Facebook dann kommentieren kann, natürlich vom iPhone aus.

In jeglicher Hinsicht anders läuft es im Islam. Dort bildet die Pilgerreise eine der fünf Säulen der Religion: Sie verlangt, dass jeder Gläubige, der dazu körperlich und finanziell in der Lage ist, einmal im Leben eine Pilgerfahrt nach Mekka unternimmt. Bei weit über einer Milliarde Moslems auf dem Planeten braucht es nicht viel Vorstellungskraft, um zu erkennen, dass es dann in Mekka schnell eng wird.

Zwar kann man Mekka prinzipiell jederzeit bereisen, doch findet die Pilgerfahrt, die die meisten Moslems anstreben (Hadsch), stets im zwölften Monat des islamischen Kalenders statt. In Amtsdeutsch könnte man sagen, die Nachfrage konzentriert sich auf wenige Tage im Jahr. Um dieser Nachfrage überhaupt Herr zu werden, vergibt das Gastland Saudi-Arabien spezielle Visa für Pilger, die streng kontingentiert sind. Darunter finden sich auch einige der ärmsten Nationen der Welt, deren Gläubige ihr sprichwörtlich letztes Hemd investieren, um ihre religiöse Pflicht zu erfüllen.

Für einige Wochen versinkt Mekka – und mit ihr die nahe Großstadt Dschidda – im mehr

▸ Wer Wert auf ein Einzelzimmer mit Aussicht legt, bucht besser rechtzeitig: Mekka zur Hochsaison.

oder minder organisierten Chaos. Während der Hadsch landet ein nicht enden wollender Strom aus Chartermaschinen aus aller Welt und bringt über drei Millionen Menschen zum religiösen Zentrum des Islam. Alle Hotels sind selbstverständlich ausgebucht – zu Mondpreisen –, und die Unterbringung in Zeltstädten ist die Norm.

Die hygienischen Bedingungen gelten noch als das geringste Problem in Mekka. Und doch ist die Gefahr groß, dass sich in den dichten Menschenmengen Krankheiten rasant ausbreiten können, wie etwa MERS im Jahre 2013. Die Anreise nach Mekka ist auch nicht ohne. Viele der Länder, aus denen die Pilger nach Dschidda fliegen, nutzen Fluggesellschaften, die – vorsichtig formuliert – europäischen Sicherheitsstandards nicht vollumfänglich genügen. In der Vergangenheit kam es bereits mehrfach zu großen Flugzeugunglücken, die Hunderte von Menschenleben forderten.

Der Aufenthalt in Mekka ist aber noch ungleich gefährlicher. Oftmals überschätzen sich ältere und kranke Pilger, die meist gnadenlose Hitze tut ihr Übriges. 2006 starben gleich zu Beginn der Pilgersaison 243 Menschen, im Wesentlichen durch Überanstrengung. Selbst wer sich drinnen aufhält, kann sich nicht sicher fühlen. Im gleichen Jahr kollabierte ein Hotel (76 Tote), 2015 fiel ein Kran auf eine nahe gelegene Moschee (118 Tote), 1997 starben gleich 343 Pilger bei einem Großbrand in einer Zeltstadt.

Obwohl alle Pilger vor Ort den gleichen Glauben leben, sind manche gleicher als andere, so dass kulturelle Spannungen programmiert sind. Das Ergebnis: 1987 eskalierte eine Demonstration von Iranern; der Aufstand wurde blutig niedergeschlagen und forderte 400 Menschenleben. In anderen Jahren gab es terroristische Anschläge.

Der Kern der Pilgerreise, die siebenfache Umrundung der Kaaba, bleibt jedoch der gefährlichste Bestandteil der Reise. Mittlerweile mag Mekka weltweit führend sein, was *crowd control*, also die kontrollierte Führung von Menschen-

massen, angeht. Doch in der Vergangenheit gab es zahlreiche Vorfälle, die vom Ablauf her ähnlich, aber deutlich verheerender waren als die letzte Love Parade. Hier die Übersicht: 1990 wurden 1.426 Menschen in einem Tunnel zerquetscht. 1994 wurden 270 Menschen bei der rituellen Steinigung des Teufels erdrückt. 1998 wiederholte sich das Drama, dieses Mal auf einer Brücke mit 118 Toten. 2004 war es wieder die Steinigung des Teufels, dieses Mal mit 244 verlorenen Seelen; zwei Jahre später waren an identischer Stelle 346 Tote zu beklagen. Der bislang tragischste Unfall passierte jedoch im Jahre 2015, als eine Massenpanik mindestens 2.236 Menschenleben kostete. Mindestens, da das Unglück jahrelang nicht sauber aufgearbeitet wurde und durchaus seriöse Quellen vermuten, dass die tatsächliche Zahl noch deutlich darüber liegen könnte.

Wie konnte das passieren? Fast könnte man meinen, eine höhere Macht wollte ein Zeichen setzen. Doch die wahre Antwort ist relativ simpel: zu viele Menschen zur gleichen Zeit am gleichen Ort, insbesondere dann, wenn es keine Möglichkeit gibt, auszuweichen – wie etwa auf einer Brücke oder in einem Tunnel. Die zahlreichen Videoüberwachungssysteme zeigen, dass sich in Mekka regelmäßig sechs bis acht Personen einen Quadratmeter teilen – und ab dieser Dichte verhalten sich Menschenmengen ähnlich wie eine Flüssigkeit. Es reicht, dass jemand über seine Sandalen stolpert, und schon schiebt sich die Menge in die entstandene Lücke und erdrückt sich selbst. Auch den stärksten Individuen wäre es nicht möglich, dieser Tonnenlast Widerstand zu leisten. Unter den gegebenen Umständen ist es selbst möglich, im Stehen zu ersticken, weil man keine Luft mehr holen kann.

FAZIT: Für diejenigen, die ohnehin einmal nach Mekka pilgern wollen, schlägt der Trip zwei Fliegen mit einer Klappe. Organisation und Anreise sind zudem dank Pauschalangeboten sehr einfach. Offiziell ist die Reise nach Mekka für Nicht-Moslems verboten; vertrauenswürdige Quellen betonen aber, dass es sich beim Islam um die Religion des Friedens handelt, weshalb auch nichts dagegensprechen sollte, dass sich eine jüdische Großfamilie auf den Weg macht, um den kulturellen Austausch voranzutreiben. Die Nachteile eines Besuches in Mekka liegen aber klar auf der Hand – das Risiko ist groß, die Belohnung jedoch gering, denn im Zweifel verunfallt man und wird von der saudischen Regierung dann auch noch totgeschwiegen.

▼ Das einzige Stadion der Welt, in dem man noch »Allahu akbar!« rufen kann, liegt ebenfalls in Mekka.

VERDURSTEN

DANAKIL-WÜSTE, ÄTHIOPIEN

KOSTEN	GEFAHR	SPEKTAKEL
€€€		

Die Danakil gilt als eine der trockensten Wüsten, wenn nicht sogar als der unwirtlichste Ort der Erde. Dafür sprechen zwei Gründe: Zum einen hat Rüdiger Nehberg die Wüste ausgiebig bereist. Zum anderen ist das Klima extrem. Die Region wird als »hyperarid« klassifiziert und beeindruckt mit Bodentemperaturen von bis zu 70 Grad Celsius, also weit jenseits dessen, was in einer Bio-Sauna erreicht wird.

Wo genau die Danakil-Wüste beginnt oder endet, ist dabei gar nicht exakt definiert. Genauso kursieren verschiedene Namen und Bezeichnungen für diese verlassene Region im Grenzgebiet zwischen Äthiopien und Eritrea. Einigkeit herrscht allerdings über die harschen Bedingungen, die den Reisenden erwarten. Da ist zunächst einmal, wie bereits erwähnt, das undankbare Klima. Selbst in der Nacht sinken die Temperaturen nicht unter dreißig Grad. Tagsüber zählt die Wüste regelmäßig zu den heißesten Orten auf der Erdoberfläche. Da es sich bei der Danakil – geologisch gesehen – um ausgetrockneten Meeresboden handelt, ist der Boden äußerst salzhaltig. Ergo gibt es weit und breit kein bisschen an Vegetation – keinen Baum, der Schatten spendet. Wer abkühlen will, muss dies im Schatten seines Kameles tun, das er hoffentlich mitgebracht hat.

Damit es nicht langweilig wird, zählt die Wüste zugleich zu den geologisch aktivsten Regionen der Erde. Inmitten der eintönigen Ebene erheben sich Vulkane und Schwefelquellen und sorgen für ein unerwartetes Farbenspiel. Wie man sich denken kann, gibt es keine befestigten Wege: Bei einer Besteigung der Vulkane kann der Boden jeden Moment nachgeben – und schon ist der Sonnenbrand das kleinste Problem.

Interessanterweise ist diese menschenfeindliche Wüste aber gar nicht menschenverlassen. Das Meersalz stellt eine wichtige Einnahmequelle für die Einheimischen dar, die in langen Karawanen durch die Einöde ziehen und das Salz ernten. Und wie so oft in Afrika hält auch die scheinbare Wertlosigkeit eines Landstriches nicht davon ab, ihn mit aller Gewalt zu umkämpfen. Spannungen zwischen verschiedenen Volksstämmen gehören ebenso zum regelmäßig gebotenen Programm wie Raubüberfälle auf die Reisenden, die sich hierher verirren. Hier gibt es vielleicht keine Toiletten, aber an Maschinengewehren besteht kein akuter Mangel. Mehrere Deutsche sind bereits in der Danakil ums Leben gekommen, auch mehrwöchige Entführungen wurden gemeldet. Aus diesem Grund rät das Auswärtige Amt unmissverständlich von unbegleiteten Reisen ab.

FAZIT: Eine der extremsten Landschaften der Welt, das perfekte Gegenstück zur Antarktis, und das gar nicht mal sooo weit weg von daheim: Es ist nachvollziehbar, dass die Danakil-Senke auf so manchen eine große Faszination ausübt.

Wer dieser Sehnsucht erliegen will, tut es am besten als Teil einer organisierten Rundreise durch Nordäthiopien. Nach Addis Abeba zu kommen stellt kein Problem dar; dort gibt es Anschlüsse nach Mekele im Norden des Landes, von wo aus es gut einhundert Kilometer Luftlinie zu den Sehenswürdigkeiten der Wüste sind. Sonnencreme nicht vergessen, und stets das Zehnfache der Flüssigkeit aufs Kamel packen, welche man unter normalen Bedingungen benötigt, dann steht dem Urlaubsspaß nichts mehr im Wege. Außer den Landminen halt.

Eine Landschaft wie von einem fernen Planeten: kein Wunder, dass so mancher die Risiken ignoriert, um selbst einen Blick zu erhaschen.

TWISTER

TORNADO ALLEY, USA

KOSTEN GEFAHR SPEKTAKEL

€€€ (3 von 5) · 5 von 5 · 5 von 5

Wer einen Tornado sehen möchte, muss gar nicht weit reisen, sondern nur ein wenig Geduld mitbringen. Alle paar Jahre wird auch Deutschland von einem Wirbelsturm heimgesucht. Und selbst wer nicht in Mitteleuropa daheim ist: In weiten Teilen der Welt wurden schon Tornados beobachtet; treffen kann es einen folglich überall.

Wer jedoch einen starken Tornado in natura erleben möchte, ohne eine Ewigkeit zu warten, kommt nicht um die Tornado Alley in den USA herum. Zwar werden in den USA flächendeckend, von Norden bis Süden, Osten bis Westen, Tornados registriert, aber nahezu alle der besonders intensiven Stürme finden sich in einem breiten Streifen – eben der Tornado Alley –, der vom Norden Texas' bis hin nach Kanada reicht. Besonders betroffen sind die Bundesstaaten Kansas, Oklahoma und Nebraska.

AB 75 KM/H SPRICHT MAN VON EINEM STURM. EIN TORNADO ERREICHT 500 KM/H.

DA KOMMT SELBST DER GUTE KRUPP-STAHL AN SEINE GRENZEN.

Um ein Gefühl dafür zu erhalten, was »gefährlich« in Bezug auf Tornados bedeutet, hilft ein Blick auf die Rekorde. Zwar ist die Messung der Windstärke direkt gar nicht möglich, da das entsprechende Equipment durch den Sturm zerstört werden würde; mittels Doppler-Radar kann man die höchsten Windgeschwindigkeiten aber recht zuverlässig abschätzen. Der Rekord liegt bei knapp 500 Kilometern pro Stunde. Bei derartigen Geschwindigkeiten fliegen Häuser davon, Stahl wird verbogen und der Asphalt von der Straße gerissen. Kaum verwunderlich, dass die Stürme eine Spur unfassbarer Verwüstung nach sich ziehen. Besonders groß ist die Zerstörung dort, wo die Häuser aus einfachen Materialien gebaut sind (sprich Holz) und üblicherweise ohne Keller, in denen die Menschen Schutz suchen können. Gemessen an der Zahl der Opfer finden sich daher auch verheerende Tornados in Bangladesch, auf der gegenüberliegenden Seite des Globus.

Weshalb sich ausgerechnet über den Einöden der mittleren USA regelmäßig *supercells* bilden, ist mittlerweile gut erforscht. Hier kollidieren die großen Wettersysteme des Kontinents: Zum einen die kalte, trockene Luft aus den westlich gelegenen Rocky Mountains, zum anderen die warme, aber feuchte Luft aus dem Golf von Mexiko und dazu noch heiße Luftmassen aus dem amerikanischen Südwesten – und schon hat man das Rezept für ein Desaster. Zwar sind Twister überall und zu jeder Jahreszeit möglich, lokal häufen sie sich aber zu Beginn und Ende der »warmen« Jahreszeit, wenn die Temperaturunterschiede am extremsten sind.

Allein in den USA gibt es jedes Jahr rund fünf bis zehn Superstürme, aus denen Wirbelstürme hervorgehen. Eine einzige Superzelle kann dabei über mehrere Tage Hunderte einzelne Tornados hervorbringen; deren zerstörerische Wirkung hängt aber stark davon ab, ob und wie lange sie den Boden erreichen, wie breit sie sind und wie schnell sie sich fortbewegen.

▲ Eines der unglaublichsten Naturschauspiele ist auch eines der zerstörerischsten.

FAZIT: Genau planbar ist ein Tornado nicht, klar ist nur: Auch dieses und nächstes Jahr wird es einige schwere Stürme in den USA geben, aus denen sich Wirbelstürme bilden. Beste Ausgangspunkte für die Jagd auf den perfekten Sturm sind Wichita (Kansas) und Oklahoma City. Wem das zu ländlich ist, der kann immerhin in Denver abwarten, bis sich was zusammenbraut.

Diese Orte sind Heimat der *storm chaser*, der Sturmverrückten und -begeisterten, die das Hobby für sich entdeckt haben, den schwersten Stürmen des Landes entgegenzureisen. Traut man ihren Aussagen, ist der Nervenkitzel, wenn man sich in der Nähe eines Wirbelsturms aufhält, nicht zu überbieten. Gleiches gilt jedoch für das Risiko, da Tornados üblicherweise nicht ankündigen, was sie als nächstes vorhaben. Vor einem Wind, der Häuser zerstören kann, bietet auch eine dicke Limousine keinen Schutz, eher wird man samt Auto davongeweht. Zumindest kann man das Erlebnis mit einer GoPro filmen und für die Nachwelt ins Internet stellen lassen – wenn die Kamera denn gefunden wird. So manches, was vom Tornado aufgesaugt wurde, wurde erst Hunderte Kilometer entfernt wiedergefunden.

MAHLSTROM

SALTSTRAUMEN, NORWEGEN

KOSTEN **GEFAHR** **SPEKTAKEL**

Im hohen Norden Europas, nur einen Katzensprung südlich der Stadt Bodø, liegt Saltstraumen, eine kleine Meerenge inmitten der spektakulären Küstenlandschaft Norwegens. Saltstraumen ist der Engpass, der die Nordsee mit dem riesigen Skjerstad Fjord verbindet – was bedeutet, dass alle sechs Stunden rund 400 Milliarden Liter durch diese Meerenge fließen, um den Tidenhub auszugleichen. Zuerst laufen sie mit einer Geschwindigkeit von bis zu 40 Kilometern pro Stunde hinein, um dann in den folgenden sechs Stunden wieder hinauszuschießen, um dann wiederum über sechs Stunden hinweg in den Fjord zurückzuströmen. Ohne Unterbrechung, seit Jahrtausenden.

Spannende Nachrichten für Schwimmer und Boote. Solange der Tidenhub weitestgehend ausgeglichen ist, wirkt Saltstraumen denkbar harmlos. Ohne größere Mühen ist es möglich, durch die Meerenge – die etwa drei Kilometer lang ist, an ihrer engsten Stelle aber nur 150 Meter breit – zu navigieren. Das ändert sich aber, sobald die Gezeiten sich bemerkbar machen, insbesondere wenn eine Springflut ansteht. Dann wird die Meerenge für die Schifffahrt geschlossen, da die intensive Strömung auch größere Boote an die Küste drückt wie Spielzeug in der Badewanne eines hyperaktiven Achtjährigen, bei dem der Psychologe zwar zur Nachsicht mahnt, da derartiges Verhalten bei Jungs in diesem Alter normal sei, die Eltern aber überzeugt davon sind, dass es sich um eine klassische Aufmerksamkeitsstörung handelt, die ihre volle Wucht erst in den kommenden Jahren – mit dem Eintritt in die Pubertät – entfalten wird, wenn sich der Vater immer mehr in die Arbeit flüchtet und die Mutter in einen Alkoholismus, bei dem ein erstes Glas Wein zum Mittagessen zum Normalfall wird und das gemeinsame Eheleben massiv auf die Probe stellt, bevor es in der unvermeidlichen Scheidung endet, die aber ohne Konsequenzen für das Gefühlsleben bleibt, da beide schon seit Jahren innerlich tot sind.

Doch das ist nicht die einzige Gefahr, die von Saltstraumen ausgeht. Wenn man den lokalen Schätzungen vertrauen kann, sind in dieser Meerenge bereits an die 60 Menschen ertrunken, die hier, wo selbst Schiffe umhergeschleudert werden, völlig chancenlos sind (von der Kälte des Wassers einmal abgesehen). Dabei ist das Gewässer gerade für Fischer verlockend, denn durch den Sog werden natürlich auch Unmengen an Fischen in die Meerenge gezogen, von wo man sie kommod aus dem Wasser ziehen kann. Zumindest auf dem Papier ein gutes Konzept – aber wehe dem, der bei seiner Arbeit über Bord fällt. Dann kommt die Flut, die ihn mit fortnimmt, in ein anderes großes Leben. Irgendwo.

Saltstraumen gilt nicht nur als die stärkste Gezeitenströmung, hier finden sich auch einige der größten *whirlpools* der Welt, vielleicht besser bekannt unter dem Namen *maelstrom* – Wasserstrudel mit einem Durchmesser von bis zu zehn Metern, die die unvorteilhafte Neigung aufweisen, alles in sich hineinzusaugen und – wie ein Tornado unter Wasser – in seine Einzelteile zu zerlegen.

Für Schiffe, die den Namen auch verdienen, ist die Gefahr gering, in einem *maelstrom* zu versinken, so wie es Kapitän Nemo (angeblich) widerfahren ist. Mehr als ein Abgang à la Costa Concordia droht nicht. Für Schwimmer oder handlichere Nussschalen ist die Lage freilich

▸ Wer wissen möchte, wie es der Nautilus ergangen ist, ist hier goldrichtig.

eine andere: An einem vergleichbaren Mahlstrom in Schottland wurde einst getestet, was den Schwimmer erwartet, der sich in einen *whirlpool* verirrt. Mit maximaler wissenschaftlicher Präzision warf man dazu eine Schaufensterpuppe in den Corryvreckan-Strudel, nur um dann staunend zu beobachten, wie das wehrlose Mannequin – trotz Schwimmweste! – 262 Meter in die Tiefe gezogen und dort erst einmal gründlich über den Meeresboden geschleift wurde.

FAZIT: Für das Planschen im Saltstraumen reicht das Seepferdchen nicht aus: Selbst professionelle Schwimmer gelten hier als hilflos. Das bedeutet freilich nicht, dass eine Passage Saltstraumens unmöglich ist – Extremsportler haben etwa schon gezeigt, dass man auch gegen die Strömung in den Fjord hineinrudern kann. Man muss bloß mächtig Muskelkraft mitbringen, in der Mitte der Fahrrinne bleiben (wo sich das Wasser nicht zu Strudeln verwirbelt) und möglichst nicht ins kalte Nass fallen. Denn: Wer hier hineinfällt, wird nicht mehr wiedergesehen.

Die gute Nachricht zum Schluss: Saltstraumen wird von einer Brücke überquert. Sie ist ein Teil der Küstenstraße, die – ihrem banalen Namen Fv17 zum Trotz – zu den schönsten Straßen der Welt zählt. Die Fahrt gen Norden ist schon in sich so reizvoll, dass sie jedes Jahr Tausende von Reisenden anzieht.

▾ *Bridge over troubled water:*
Saltstraumen aus der Luft.

SÄURE

KAWAH IJEN, INDONESIEN

KOSTEN €€€ **GEFAHR** 💣💣💣 **SPEKTAKEL** ✸✸✸✸

Das nächste Mal, wenn Sie an Ihrem Schreibtisch sitzen und kurz davor sind, sich über Ihren Job aufzuregen, verschwenden Sie einen Gedanken an die Bergarbeiter Indonesiens, die im Krater des aktiven Vulkans Ijen Schwefel ernten. Dazu steigen sie den Kraterrand herab, lassen sich von ätzenden Schwefeldämpfen den Atem nehmen, sammeln bis zu achtzig Kilogramm frischen Schwefel und tragen ihn dann bei Temperaturen um die dreißig Grad wieder aus dem zweihundert Meter tiefen Krater heraus. Bei vielen von ihnen beschränkt sich der Arbeitsschutz auf ein Paar ausgelatschter Sandalen. Und das alles für einen – selbst in Indonesien – bescheidenen Tageslohn.

Aber der Reihe nach: Ganz im Westen Javas, einen Steinwurf vom Urlaubsparadies Bali entfernt, beginnt eine Kette von Vulkanen, die sich einmal quer durch die Hauptinsel Indonesiens zieht. Fast alle dieser Vulkane sind aktiv – so auch Ijen. Doch zumindest ist bei diesem Vulkan die Aktivität relativ schwach und vergleichsweise stabil.

Ijen ist zugleich Heimat der aktivsten Schwefelquellen der Welt. Heiße Schwefeldämpfe treten hier aus der Erde aus und gefrieren dann zu einer meterhohen Schicht aus leuchtend gelbem Schwefel, die von den Bergarbeitern unter höchstem Körpereinsatz abgebaut wird. Tag für Tag bilden sich so Hunderte Kilogramm Schwefel, Tag für Tag werden sie wieder abgetragen.

Doch das ist freilich nicht mit dem gesamten Schwefel möglich, der hier aus dem Boden austritt. Gelegentlich entzündet sich der heiße Schwefeldampf selbst und bildet so einen Strom heißer, blau leuchtender Flammen, die direkt in einen Kratersee fließen. Durch den ständigen Zustrom aus einem bunten Mix an reaktionsfreudigen Chemikalien leuchtet der See zumeist

türkisblau; mit einer Länge von fast einem Kilometer, sechshundert Metern Breite und bis zu zweihundert Metern Tiefe wurde er schon als »größtes Säurebad der Erde« tituliert.

Und das völlig zu Recht: Während reiner Zitronensaft einen pH-Wert von ungefähr 2 aufweist und eine Autobatterie von ungefähr 1, entfernt sich der pH-Wert des Kratersees im Ijen nur unwesentlich vom Null-Punkt. Zwar hat es auch schon Messungen an anderen Kraterseen und sogar im Abwasser von Minen gegeben, die negative pH-Werte aufweisen konnten, aber so natürlich, zuverlässig und regelmäßig sauer wie in Ijen wird es sonst nirgends. Derartige pH-Werte gibt es sonst allenfalls im Labor. Übrigens: Gelegentlich droht der Schwefelbrand außer Kontrolle zu geraten – dann muss eine bemitleidenswerte Person das Feuer mit der Säure aus dem See löschen.

Daher die naheliegende Frage: Kommt man hin? Ja, leicht sogar, denn Ijen zählt zu den größten Touristenattraktionen Javas. Zahlreiche Besucher bestaunen den Vulkan und See vom Kraterrand aus, manche lassen sich auch von den Bergarbeitern gegen ein kleines Entgelt in den Krater hinab führen.

Theoretisch ist es sogar möglich, den See zu befahren – solange man denn das richtige Material für seinen Untersatz wählt. Gummi etwa hält auch starken Säuren stand. Allerdings würde das Seewasser den Motor – selbst wenn er aus hochwertigem Stahl gebaut wäre – in kürzester Zeit ruinieren. Gleiches gilt für die Paddel. Und dann bleibt nur die Hoffnung, in absehbarer Zeit von einer sanften Windböe wieder ans Ufer getrieben zu werden. Denn: Säuren dieser Stärke sind schon in minimalen Mengen höchst gefährlich. Wer hier ins Wasser fällt, wird sich alsbald ähnlich fühlen wie die Nazis, die nichtsahnend die Bundeslade geöffnet haben.

FAZIT: Zum Dahinschmelzen: Ein Besuch des Kraters und die Besichtigung der bläulichen Flammen zur Nachtzeit stehen auf dem Programm zahlreicher Touren, die für Reisende auf Java zusammengestellt werden. Auch eine individuelle Anreise ist möglich, obwohl die Straßen, die zum Kraterrand führen, sich in einem bescheidenen Zustand befinden. Wer nicht ohnehin einen langen Spaziergang vom kurzen Ufer aus plant, ist gut beraten, ein Atemschutzgerät mitzunehmen – für »Untrainierte« ist die Luft im Krater wahrlich atemberaubend – und stets ein Bonbon zu lutschen, um die Säure im Rachen kontinuierlich zu verdünnen. Wer das Risiko gereizter Augen reduzieren will, sollte zudem auf Kontaktlinsen verzichten.

▾ Ein Bad im Kratersee löst verspannte Muskeln zuverlässig … auf.

VERIRRUNG

KATAKOMBEN VON ODESSA, UKRAINE

KOSTEN €€ **GEFAHR** 💣💣💣 **SPEKTAKEL** ✱

Willkommen im größten Labyrinth der Welt, den Katakomben unter Odessa. Dem einen oder anderen sind vielleicht die Katakomben von Paris bekannt – ein Netzwerk aus Tunneln, 500 Kilometer lang, welches unter der französischen Hauptstadt liegt. Das ist aber noch gar nichts, denn in der ukrainischen Stadt Odessa liegt ein Tunnelnetzwerk, das auf die fünffache Länge geschätzt wird. Geschätzt, wohlgemerkt, denn kartiert ist es natürlich nicht, zumindest nicht offiziell – womöglich ist es noch umfangreicher.

Ihren Ursprung finden diese Katakomben im 17., besonders rapide wuchsen sie im 19. Jahrhundert. Der Kalkstein unter der Stadt erwies sich als hervorragende Bausubstanz (und prägt bis heute das Stadtbild). Entsprechend entwickelte sich ein gigantischer und chaotischer Untertagebau, der in drei Ebenen bis zu sechzig Meter tief in die Erde führt. Während lange Zeit der Gewinn von Kalkstein das Hauptmotiv für den Ausbau der Tunnel gewesen ist, wurden sie auch von Schmugglerbanden dankbar angenommen. Bis zum ersten Weltkrieg wurde hier Kalkstein aus der Erde geholt, dann überlies man den Untergrund den zwielichtigen Gestalten. Im zweiten Weltkrieg waren die Minen das Zentrum des Widerstands gegen die Nazis, und bis heute hält sich hartnäckig die – damals sinnvolle, heute sinnlose – Tradition, das Netzwerk nicht zu kartografieren.

Für abenteuerlustige Entdecker sind die Katakomben seither unwiderstehlich. Natürlich kann man auch an geführten Touren teilnehmen, die in einen bestens beleuchteten Teil der Tunnel führen, aber für den *urban explorer* von heute ist eine tiefergehende Expedition ein Muss, zumal es heißt, dass sich dort noch Schätze verstecken – wie ein Schiff aus purem Gold. An vielen Stellen zeigt sich, wie rege die Tunnel seit Jahrzehnten noch genutzt werden, etwa an zurückgelassenem Müll und Graffiti.

Während die Katakomben im osteuropäischen Raum seit langem eine hohe Bekanntheit genießen, ist es ausgerechnet der Mythos um eine verschollene Frau, die zum Jahreswechsel 2005 in den Minen verschwand, der – dem Internet sei Dank – die Katakomben weltberühmt machte. Zusammen mit Freunden wollte sie in den Tunneln feiern, wurde aber von der Gruppe getrennt und nicht wiedergefunden. Seither kursieren Geschichten (natürlich mit Fotos garniert!) von Leuten, die ihre Überreste Jahre später gefunden haben wollen – doch handfeste Beweise fehlen bis heute. Davon abgesehen gehen in den Schächten regelmäßig Leute verloren. Mal werden sie dort umgebracht, mal geht ein kleines satanisches Ritual schief – doch eine genaue Zahl kann es nicht geben, weil die meisten ja spurlos verschwinden und bestenfalls von Abenteurern gefunden werden, die gar nicht dort sein dürften oder dann ihrerseits verschwinden.

Wer sich in dem Untergrund verläuft, hat gute Chancen, nicht mehr herauszufinden. In den oberen Tunneln ist es die meiste Zeit des Jahres relativ kalt, so dass rasches Erfrieren das wahrscheinlichste Szenario ist. In den tieferen Ebenen ist es spürbar wärmer, zudem sickert Grundwasser in einige Tunnel. Das würde ein längeres Überleben ermöglichen, aber nach einigen (langen) Wochen in der einsamen Dunkelheit ist dann auch Schluss. Darum: Immer eine Reservebatterie für die Taschenlampe mitnehmen und einen Schokoriegel, falls es mal wieder länger dauert.

◂ »Es gibt immer was zu tun.« – Heimwerker von Odessa, ca. 1850.

FAZIT: Wer sich die Tunnel aus der Nähe ansehen will, sollte sich auf einschlägigen Internetforen Kontakte suchen. Ohne Russischkenntnisse wird es schwierig, aber letzten Endes ist für Geld alles möglich. Ob man sein Leben in die Hände eines Menschen legen möchte, den man nur übers Internet kennen gelernt hat, ist eine andere Frage. Hier verloren zu gehen ist wenig glamourös, wenn es denn überhaupt jemand mitbekommt.

Neben Licht und Verpflegung empfiehlt sich ein Helm, denn je tiefer man sich vorarbeitet, desto unwegsamer wird das Gelände. Auch festes Schuhwerk ist eine gute Idee, zumal viele Anwohner über den Katakomben diese als kostenfreie Müllkippe und Kanalisation nutzen.

LAVA

GOMA, KONGO

KOSTEN **GEFAHR** **SPEKTAKEL**

Ab welcher Temperatur schmilzt eigentlich menschliches Fleisch? Finden wir es heraus – und der beste Ort, um dies zu tun, dürfte Goma sein, eine der bedeutendsten Städte der Demokratischen Republik Kongo.

Goma ist von der Geschichte nicht gerade verwöhnt worden. Direkt an der Landesgrenze gelegen, war Goma im Jahr 1994 einer der zentralen Anlaufpunkte für die Flüchtlinge des Genozids in Ruanda. Zwei Kriege im Kongo später versuchte 2012 auch noch eine verunglückte Unabhängigkeitsbewegung, die Stadt zu erobern. Die Rebellion wurde ebenfalls blutig niedergeschlagen.

Als ob das noch nicht genug wäre, genießt Goma das Privileg, nur ein gutes Dutzend Kilometer von einem der aktivsten Vulkane der Welt gelegen zu sein: Mount Nyiragongo thront mit 3.470 Metern Höhe über der Millionenstadt. Es ist einer der wenigen Vulkane weltweit, die in ihrem Krater einen See aus Lava haben, zu dem man direkt hinabsteigen kann (falls gewünscht), um zu prüfen, was passiert, wenn man ihm ein Opfer darbringt.

Mount Nyiragongo ist als Vulkan einer der unangenehmsten Nachbarn, die man sich für eine Großstadt wie Goma vorstellen kann. Die gute Nachricht ist, dass man hier keine gigantischen Explosionen fürchten muss, denn die Lava, die man vom Kraterrand aus bestaunen kann, ist extrem flüssig. Darauf folgt aber direkt die schlechte Nachricht, dass die Lava nirgends auf der Welt so schnell fließt wie hier. Normalerweise geht die Hauptgefahr bei Vulkanen von ihren Explosionen aus und von der Asche, die sie ausstoßen. Dass jemand durch einen Lavastrom selbst in Gefahr gerät, ist geradezu selten. Doch am Mount Nyiragongo kann die herausragend flüssige Lava auf den steilen Flanken des Berges richtig Fahrt aufnehmen und dann mit bis zu 100 Kilometern pro Stunde den Berg hinabströmen. Zu schnell, um zu entkommen – selbst für Weltklassesprinter wäre hier Endstation.

▸ So mancher Besucher ist mehr Feuer und Flamme als erwartet.

Sagenhaft schön, sagenhaft gefährlich: Vor der flüssigsten Lava der Welt gibt es kein Entrinnen.

Angesichts dieser Fakten kann es kaum verwundern, dass die arg gebeutelte Stadt Goma bereits mehrmals vom Vulkan überrascht wurde. 1977 leerte sich der gesamte Lavasee durch einen Riss in der Flanke des Berges. Ohne Vorwarnung wurden umliegende Dörfer überrumpelt. 2002 durchschnitt dann ein riesiger Strom aus flüssigem Gestein Goma, zerstörte rund ein Siebtel der Stadt und zugleich die Startbahn des Flughafens, der wichtigsten Verbindung zum Rest des Landes. Und zu allem Überfluss droht – ähnlich wie beim Lake Nyos in Kamerun (siehe »Limnische Eruption«, S. 170) – ein Szenario, in dem ohne jegliche Vorwarnung große Mengen giftiger Gase aus dem See hinaufsteigen. Bereits jetzt gilt Kohlendioxid, das an einigen Stellen direkt aus dem Boden heraufsteigt, als eine der größten Gefahren.

FAZIT: Man sollte sich mit einem Besuch nicht allzu viel Zeit lassen: Vulkane stoßen eine ganze Menge giftiger und sogar klimawirksamer Gase aus. Es ist also davon auszugehen, dass Bündnis 90/Die Grünen versuchen werden, den globalen Vulkanismus alsbald zu verbieten. Bis er seine Aktivität einstellen muss, bietet Mount Nyiragongo allerdings so ziemlich alles, was man sich für einen spektakulären Abgang wünschen kann. Wer wollte nicht immer schon einmal eine echte Runde »Der Fußboden ist Lava« spielen?

Allerdings ist die Reise an sich nicht immer einfach. Zwar kann man mittlerweile wieder bis Goma fliegen und dort sogar lokale Reiseagenturen nutzen, die einem helfen, die technisch leichte Bergbesteigung zu bewältigen. Doch leider sind Gewalt und Korruption noch immer an der Tagesordnung.

FLUGZEUGUNGLÜCK

LUKLA, NEPAL

KOSTEN	GEFAHR	SPEKTAKEL
€€€€	💣💣	✷✷✷✷

Mit schöner Regelmäßigkeit finden sich in der Boulevardpresse Artikel über die »gefährlichsten Flughäfen der Welt« – zumeist Listen von zehn bis zwanzig Airports, von denen die meisten weniger gefährlich sind als der morgendliche Spaziergang zum Bäcker. Die Ausnahme bildet aber jener Flughafen, der mit ziemlicher Sicherheit jede einzelne dieser Listen anführt: Der Lukla Airport im Herzen Nepals lässt sogar den stillgelegten, aber immer noch legendären Flughafen Hong Kongs, Kai Tak, alt aussehen.

Im tiefsten Himalaya gelegen, inmitten eines spektakulären Tales und nur unwesentlich niedriger als die Zugspitze, zeichnet sich der Flughafen dadurch aus, dass seine einzige Piste so gelegen ist, dass kein Durchstarten und keine Ausweichmanöver möglich sind. Bei jeder Landung gibt es einen *point of no return* – wenn bis zu diesem Punkt der Anflug nicht abgebrochen wird, muss danach gelandet werden, komme was wolle. Das an sich wäre nicht so tragisch, wenn die Piste in Lukla nicht so unangenehm kurz wäre (gut

▲ Bei Flügen von und nach Lukla darf man ruhig genauer hinhören, wenn die Sicherheitsunterweisung gegeben wird.

500 Meter), wenn sie nicht so steil wäre (Neigung von knapp 12 Prozent) und wenn sie nicht auch noch direkt in einer Felswand münden würde.

Bei diesen Rahmenbedingungen muss natürlich die Frage gestattet sein, wer überhaupt auf die Idee kommen konnte, ausgerechnet an dieser malerischen Stelle einen Flughafen bauen zu müssen. Nun, unter anderem waren es die Erstbesteiger des Mount Everest, Sir Edmund Hillary und Tenzing Norgay, die sich für die Errichtung eines Flughafens stark gemacht haben. Die Legende besagt, dass die erste Piste zu Fuß festgestampft wurde – von betrunkenen Nepalesen, die wild tanzten, nachdem Hillary sie fachmännisch abgefüllt hatte.

Heute ist die Piste zumindest befestigt und bietet damit die lang ersehnte Alternative zu einem mehrtägigen Trekking-Trip durch unwegsames Gelände (Lukla ist bis heute autofrei). Die Abkürzung ist aber nicht nur für Reisende bequemer, sie hat die ganze Region – immerhin das Einfallstor für sämtliche Erkundungen des Mount Everest – auch erstmals an den Rest des Landes angebunden. Sei es medizinische Versorgung oder dringende Fracht: Für die Einwohner war – und bleibt – der Flughafen ein Segen. Ein Segen, der aber nicht ganz ohne Fluch auskommt, denn die Lage des Flughafens, die herausfordernde Piste und das launische Wetter des Hochgebirges fordern ihren Tribut. Alle paar Jahre verunglückt ein Flugzeug beim Anflug auf Lukla, und was zunächst gar nicht so extrem gefährlich klingen mag, ist in der Hochsicherheitswelt des Luftverkehrs einsamer Negativrekord. Und das, obwohl nur spezialisierte Kleinflugzeuge eingesetzt werden und nur die erfahrensten Piloten am Steuer sitzen dürfen. Der Unfallhergang ist dabei meist der Gleiche: Bei weniger als optimalen Wetterbedingungen misslingt der Anflug, die Maschine muss in der Folge abgeschrieben werden und je nach Geschwindigkeit auch einige der Insassen.

FAZIT: Wenn schon lebensgefährlich, dann wenigstens mit Aussicht – und die ist in Lukla wahrlich atemberaubend. Hinzukommen ist dabei relativ simpel: Von der Hauptstadt Katmandu aus gibt es Dutzende Flüge pro Tag, mal mehr, mal weniger – je nach Saison. Allenfalls ein wenig Geduld ist gefragt: Das Mikroklima rund um Lukla ist notorisch unzuverlässig, so dass es sein kann, dass man tagelang auf ein Zeitfenster warten muss, bis An- oder Abreise möglich sind. Eine Reise bei schlechten Wettervorhersagen ist jedoch nur für diejenigen empfehlenswert, für deren Lebensversicherung es nach einem authentischen Unfall aussehen muss.

▼ Ganz schön schräg: Für ein Piste mit dieser Neigung braucht es erfahrene Piloten.

NEUGIERDE

POISON GARDEN, ENGLAND

KOSTEN € **GEFAHR** 💣💣💣 **SPEKTAKEL** ✵✵✵

Geht es nicht auch etwas preiswerter? Doch: In den Alnwick Gardens, an der englischen Ostküste gelegen, etwa auf halbem Wege zwischen Edinburgh und Leeds.

Die Alnwick Gardens sind eine große Gartenanlage mit langer Tradition. 1750 wurden die ersten Gärten auf Wunsch des damaligen Herzogs von Northumberland angelegt. Mitte des vergangenen Jahrhunderts wurden die alten Gärten geschlossen, und viel hat auch nicht gefehlt, da hätte man sie in den Neunzigern zu einem Parkplatz mit angeschlossenem Christbaumverkauf umfunktioniert.

Glücklicherweise hatte die damalige Herzogin das Kindeswohl im Sinne und engagierte sich für die Neugestaltung der Alnwick Gardens: »Wo es doch die meisten Kinder eher interessiert, wie eine Pflanze tötet, wie lange es dauert, bis man tot ist, nachdem man sie gegessen hat, und wie grauenhaft und schmerzvoll das Sterben wohl ist.«

Gott sei Dank ist die Welt noch gesegnet mit solchen Philanthropen! Ihrem Engagement ist es zu verdanken, dass die Alnwick Gardens zum aufwendigsten Gartenprojekt in der Geschichte des Vereinigten Königreichs avancierten. Für schlappe 42 Millionen Pfund wurde eine Landschaft geschaffen, die die Nachbarn nun wirklich neidisch werden lässt.

Im Jahre 2005 wurden die Alnwick Gardens dann um ihre wohl berühmteste Attraktion ergänzt, den Poison Garden. Von einem hohen Metallzaun umschlossen, haben über einhundert für den Menschen höchst giftige Pflanzenarten ein neues Zuhause bekommen. Eine Tour beginnt mit dem Hinweis, nichts anzufassen und – anders als sonst – auch nicht an den duftenden Blumen zu

▲ Nicht an Kiffer gerichtet – das Gras ist hier tatsächlich giftig.

schnuppern. Der Hinweis ist ernst gemeint, denn in der Vergangenheit sind bereits Besucher von Dämpfen ohnmächtig geworden, als sie durch den Garten lustwandelten.

In dem abgezäunten Areal finden sich zahlreiche Exoten, aber auch alte Bekannte: so etwa Lorbeersträucher, die bereits Unfälle verursacht haben, als Leute den Grünschnitt ihrer Hecke in ihre Autos verfrachtet haben und dann während der Fahrt langsam betäubt wurden. Abgerundet wird das Angebot durch Hanf- und Kokaingewächse sowie Engelstrompeten, die eine fantastische Wirkung als Aphrodisiakum besitzen (bevor sie einen umbringen).

▾ Fleischfressende Pflanzen wären eine willkommene Ergänzung, bis auf weiteres muss sich der Besucher aber mit Giftpflanzen begnügen.

EIN NEUES ZUHAUSE FÜR ÜBER 100 PFLANZENARTEN, DIE FÜR DEN MENSCHEN HÖCHST GIFTIG SIND

FAZIT: Hier wird etwas für die ganze Familie geboten, und das zu erschwinglichen Preisen. Am einfachsten ist die Anreise über Newcastle upon Tyne – von dort ist es eine gute Stunde mit den öffentlichen Verkehrsmitteln. Wer ein bisschen zusätzliche Aufregung in sein Leben bringen will, kann nachts über den Zaun klettern und einmal nackt durch den Garten rennen, um zu sehen, was so alles passiert. Das garantiert maximale Spannung – so ziemlich jedes Symptom ist denkbar – nebst internationaler Publicity. Und selbst wenn man eine extrem giftige Pflanze erwischen sollte, die extreme Schmerzen verursacht: Nur wenige Schritte entfernt wird es ein anderes Gewächs geben, mit dem man sich betäuben kann.

FÜSILIEREN

NORDKOREA, NORDKOREA

KOSTEN **GEFAHR** **SPEKTAKEL**

Nordkorea ist nicht nur ein Land, das mit natürlicher Schönheit gesegnet wurde, es ist zugleich der Beweis dafür, dass der Kommunismus perfekt funktionieren kann. Kein anderes Land auf der Welt genießt derart hohe Lebensstandards. Doch das bleibt nicht ohne Nebenwirkungen: Der Wohlstand und die Vielfalt an bürgerlichen Freiheiten sorgen für missgünstige Blicke aus anderen Ländern, weshalb sich die Demokratische Volksrepublik Korea ständigen Provokationen von Südkorea und seinen Verbündeten im imperialistischen Westen ausgesetzt sieht, allen voran der Entwicklungsnation der Vereinigten Staaten von Amerika.

Dabei ist es vor allem der Neid auf die politische Stabilität, der die Aggressoren aus dem Westen wüten lässt – sie bildet den Grundpfeiler für die herausragende Entwicklung Nordkoreas. Und sie ist untrennbar verbunden mit den größten Namen der politischen Weltbühne: Da ist zunächst der Große Führer, Genosse Kim Il-Sung, dem wir die Gründung des nordkoreanischen Staates zu verdanken haben. Da ist sein Sohn, der Glorreiche General, der vom Himmel abstammt, die Höchste Verkörperung der revolutionären kameradschaftlichen Liebe, die Große Sonne der Nation: Kim Jong-Il. Und da ist wiederum dessen Sohn, Kim Jong-Un, der den erfolgreichen Pfad der Revolution als tatkräftiger und moderner Führer fortführt. Sie alle haben ihr Leben und ihre Weisheit dafür gegeben, Nordkorea prosperieren zu lassen. So sehr, dass die Anzahl jährlicher Besucher streng limitiert werden muss, um die Infrastruktur nicht zu überfordern.

Generell ist Nordkorea das sicherste Reiseland der Welt. Stets sind die nordkoreanischen Gastgeber darum bemüht, die Sicherheit ihrer erlesenen Gäste sicherzustellen, notfalls mit nuklearen Sprengkörpern, die dem potenziellen Ansturm illegaler Migranten entgegengesetzt werden können. Die Gefahr geht hier insbesondere von Südkorea aus, deren vernachlässigte Jugend nach Jahren des »Starcraft«-Zockens begleitet von Mangelernährung eine unstillbare Sehnsucht nach einem besseren, erfüllten Leben nördlich der Grenze entwickelt hat.

Um Nordkorea zu schwächen, werden zur Vorbereitung einer Invasion immer wieder Fake News in der internationalen Lügenpresse verbreitet. Gerne heißt es da, Dissidenten hätten sich über die Grenze nach Südkorea gerettet – dabei ist offensichtlich, dass es sich um Spione aus dem Süden gehandelt hat, die mit falschen Informationen versorgt und zurückgeschickt worden sind. Auch Meldungen darüber, dass der ehemalige Verteidigungsminister mit einer Flakrakete hingerichtet wurde oder dass der Architekt des neuen Großflughafens in Pjöngjang zum Dank exekutiert wurde, sind als Fehlinformationen einzuordnen. Den Verteidigungsminister hat es nie gegeben, während der Architekt glorreichen Suizid begangen hat, um die Schande für die (leicht) verspätete Inbetriebnahme des neuen Terminals vom freien Volke Nordkoreas abzuwenden.

Man sieht aber: Die Propagandamaschine des imperialistischen Westens ist gut geölt, keine Absurdität ist zu kurios, um nicht dankbar gedruckt zu werden. So wird das nordkoreanische Arsenal an ABC-Waffen, die natürlich nur zur Verteidigung der kommunistischen Ideale gedacht sind, zu einer Gefahr für den Weltfrieden umgedichtet. Mittlerweile behaupten selbst die Vereinten

Nationen, es gebe in der friedvollen Volksrepublik Konzentrationslager, die denen des Zweiten Weltkrieges in nichts nachstehen. Es bleibt zu vermuten, dass derartige Denunziationen eine infantile Rache dafür sind, dass das nordkoreanische Fußballteam den etablierten Favoritenteams aus dem Westen den Sieg bei der Fußball-WM 2014 abspenstig machen konnte.

FAZIT: Die Buchung einer Reise ist am einfachsten über eine spezielle Agentur; die Anreise erfolgt im Regelfalle über China, wahlweise mit dem Zug oder der legendären Air Koryo, der einzigen 1-Sterne-Airline der Welt.

Alle Nordkoreaner sind friedlich. Da sie bestens gebildet, gut genährt sind und keinen Zugang zu Drogen und Alkohol haben, ist die Sicherheit der

Reisenden von Seiten der Bevölkerung zu keiner Zeit bedroht. Zum Schutz vor Aggressoren aus dem Ausland werden Besucher individuell geprüft, bevor sie ein Visum erhalten. An der Grenze müssen sie dann ihre mobilen Endgeräte abgeben, damit sie nicht von den USA ausspioniert werden können. Zudem werden sie rund um die Uhr von Sicherheitspersonal begleitet, das für das Wohlergehen der Gäste mit seinem Leben bürgt. Solange man also keinen Fauxpas begeht – etwa ein Foto eines nicht autorisierten Motivs nimmt oder das Bild des Lieben Führers, der eine perfekte Verkörperung des Erscheinungsbildes ist, die ein Führer haben muss, unzureichend würdigt –, ist nicht mit einer Hinrichtung zu rechnen.

▾ London, New York und Pjöngjang sind die internationalen Zentren des Weltfinanzmarktes und die wichtigsten Inkubatoren für die Start-ups des neuen Jahrtausends.

▲ Vorsicht, weißer Problembär in schwarzer Nacht – eines der kuriosesten Verkehrsschilder der Welt.

BÄRENHUNGER

SVALBARD, NORWEGEN

KOSTEN GEFAHR SPEKTAKEL

Ganz, ganz im Norden Europas liegt Svalbard – eine Gruppe von Inseln, deren Größte – Spitzbergen – permanent bewohnt ist, dem äußerst harschen Klima zum Trotz. Den Ausläufern des Golfstroms ist es zu verdanken, dass es hier »wärmer« ist als in anderen arktischen Regionen – deswegen gibt es keinen bewohnten Ort auf der Welt, der näher am Nordpol liegt. Nur für eine kurze Periode im Hochsommer steigen die Temperaturen über den Gefrierpunkt, genauso, wie man es sich als Polarbär wünscht.

Als sich Deutschland 2006 kollektiv in den Eisbären Knut verliebte, konnte man sich schon mit dem Hinweis, dass Polarbären zu den für den Menschen gefährlichsten Tieren zählen, reichlich unbeliebt machen. Jetzt, wo Knut Wurmfutter ist, daher nochmal: Die Tiere sind riesig, aggressiv und nicht berühmt dafür, Gefangene zu nehmen, insbesondere dann, wenn sie sich bedroht fühlen oder hungrig sind. Eisbären sind ein völlig anderes Kaliber als hiesige Problembären, und deshalb begegnet man ihnen auch mit einem ganz anderen Kaliber.

In Svalbard ist es nämlich gesetzlich vorgeschrieben, dass man eine Schusswaffe bei sich tragen muss, sobald man eine Siedlung verlässt – einzig zum Schutz gegen hungrige Eisbären. Innerhalb der Ortschaften ist dieses Risiko extrem gering, so dass Waffen nur ungeladen getragen werden dürfen und beim Betreten von öffentlichen Gebäuden auch abgelegt werden müssen, so wie man in anderen Ländern die Schuhe vor dem Tempel stehen lässt. Damit keine Missverständnisse entstehen, hat die lokale Regierung auch eine Karte veröffentlicht, auf der die Zone, in der nicht geschossen werden darf, fein säuberlich eingezeichnet ist. Man darf nur hoffen, dass sie den Eisbären nie in die Hände fällt.

Außerhalb der Zone ist die Lage aber anders. Seit den Siebzigerjahren gab es mehrere Aufsehen erregende Zwischenfälle mit Eisbären, bei denen auch Menschen ihr Leben ließen. In der Folge wurde die Waffenpflicht erlassen, auch wenn nach wie vor gilt, dass eine Schießerei der letzte Ausweg bleiben sollte. Zunächst sollte man versuchen, den Eisbären mit Lärm zu verjagen. Dann wiederum liest sich das wie einer der tollen Tipps, die jemand verfasst, der im gemütlich temperierten Büro bei einer Tasse Tee darüber sinniert, wie man idealerweise reagieren sollte (»erst mal eine Konflikttabelle erstellen«). In der Praxis kann man froh sein, wenn man in einer schneeweißen Umgebung einen schneeweißen Bären überhaupt sieht, bevor er das Ausweiden beginnt.

EIN VAGABUNDIERENDER BRAUNBÄR, DER ZWEI HÜHNER KLAUT, GILT IN UNSEREN BREITEN BEREITS ALS PROBLEMBÄR.

DIE EISBÄREN SVALBARDS SIND JEDOCH SO TIGHT UND AGGRO, DASS DIE MITNAHME EINER SCHUSSWAFFE PFLICHT IST.

FÜR DEN FALL, DASS SIE IM SCHNEETREIBEN EINEN EISBÄREN AUSMACHEN KÖNNEN …

Wer Eisbären in der Wildnis beobachten will, tut dies am besten im Rahmen einer organisierten Tour in spezialisierten Fahrzeugen, denen selbst ein Koloss von Polarbär nichts anhaben kann. Es wäre aber nicht im Sinne dieses Buches, den Hinweis zu unterlassen, dass man nicht aufgehalten wird, wenn man eine spontane Wanderung durch die Wildnis unternehmen möchte.

Die Grundversorgung mit Waffen ist übrigens auch für Touristen sichergestellt: Vier Wochen vor Anreise muss man eine Lizenz zum Tragen einer Schusswaffe beantragen, dann kann man vor Ort eine mieten (rund 100 Euro für die erste Woche einplanen!).

FAZIT: Totgesagte leben länger – das gilt auch für die Eisbären. Obwohl man sie schon für verloren glaubte, wachsen die Populationen in der Arktis an, so auch in Norwegen. Auf Svalbard, so schätzt man, leben rund 500 Tiere.

Theoretisch darf jeder – ganz unabhängig von der Nationalität – nach Svalbard einreisen (*No Borders!* Kein Mensch ist illegal! usw.). Praktisch ist es jedoch kaum möglich, nicht über Norwegen (Oslo) einzureisen, was den potenziellen Kundenkreis der svalbardischen Tourismusindustrie wieder schrumpfen lässt. Allerdings – wo kommt man schon so leicht an eine Schusswaffe?

Wer nicht komfortabel einfliegen möchte, kann alternativ auch an einer der vielen Kreuzfahrten teilnehmen, die Spitzbergen im Sommer ansteuern. Alle, die Fuß auf die Inseln setzen, seien jedoch gewarnt, dass Svalbard als Destination grotesk teuer ist, selbst für norwegische Standards. Allenfalls der Suff ist billiger als auf dem Festland – dem zollfreien Status sei Dank.

▾ Die Zahl der Eisbären steigt an, seit Wissenschaftler herausfinden konnten, dass sie länger leben, wenn man ihnen nicht ins Gesicht schießt.

XENOPHOBIE

NORTH SENTINEL ISLAND, INDIEN

KOSTEN **GEFAHR** **SPEKTAKEL**

Die moderne Zivilisation ist mittlerweile auch in die abgelegensten Winkel der Erde vorgedrungen. Mit wenigen Ausnahmen: In den Tiefen des Amazonasgebietes etwa werden noch »unentdeckte« Stämme vermutet. Und dann gibt es noch North Sentinel Island, aber das ist ein eigenes Kapitel, und zwar dieses.

Auf halber Strecke zwischen Thailand und Indien, rund 300 Kilometer von der nächsten Küste entfernt, liegen die Andaman-Inseln. Administrativ gehören sie zu Indien, doch bilden sie eine Welt für sich. Reiseprospekte versprechen ein tropisches Urlaubsidyll, wie man es von Südostasien erwartet, aber ganz ohne den Massenandrang. Endlose Strände mit perfektem weißen Sand, knallgrüne Vegetation und dazu unberührte Riffe und zumindest im europäischen Winter kaum Niederschlag – was will man mehr?

Damit würden sich die Andaman-Inseln auch perfekt für einen Segeltörn eignen, von einer der 204 malerischen Inseln zur nächsten. Wäre da nicht ein kleiner Haken, eben North Sentinel Island. Die Erfahrung mit den Einwohnern dieser Insel legt nahe, dass man bei der Navigation nicht schlampen sollte. Denn: Jeder, der sich der Insel auch nur nähert, wird umgebracht. Der Stamm, der das kleine Eiland seit möglicherweise 60.000 Jahren bewohnt, lebt auch heute faktisch noch so wie zur jüngeren Steinzeit, mit entsprechenden Manieren. Wie viele Menschen es sind, weiß niemand, man schätzt es anhand der Köpfe, die man aus sicherer Entfernung am Strand ausmachen kann: Mehr als 400 schätzt keine Quelle, der klägliche Versuch eines »Zensus« kam 2011 nur mehr auf 40 Individuen, die nicht aufhören, dem Eindringling Widerstand zu leisten.

Legendär ist in diesem Zusammenhang die Geschichte der Primrose, eines Schiffs, das 1981 an dem Riff der Insel strandete. Zu ihrem Unmut durfte die Besatzung in den kommenden Tagen beobachten, wie die einheimischen Sentinelesen sich mit Waffen am Strand versammelten und dort begannen, Boote zu bauen. Die Bitte, den Seeleuten doch ein paar Schusswaffen zur Verteidigung zukommen zu lassen, wurde abgelehnt – gerettet wurden sie durch eine Schlechtwetterperiode, die ein Entern des Schiffes verhinderte, und einen Hubschrauber, der sie nach einer langen Woche aus ihrer misslichen Lage befreite.

Weniger Glück hatten zwei indische Fischer, die beim Fischen von Schlammkrabben die Exklusionszone von drei Meilen rund um die Insel verletzten. Man vermutet, dass sie sich aus Langeweile betrunken haben, eingeschlafen sind und deshalb nicht gemerkt haben, wie sich ihr Anker gelöst hat. Die Strömung trieb sie dann auf North Sentinel Island zu, wo sie prompt beendet wurden. Mit spürbarer Erleichterung berichteten die Zeitungen, der Verdacht, man habe die Fischer anschließend verspeist, habe sich nicht erhärtet. 2018 folgte ein eifriger Missionar in ihren Fußstapfen, dessen Bemühungen, den Sentinelesen Jesus näher zu bringen, bloß mit Pfeil und Bogen gewürdigt wurden.

Rechtliche Konsequenzen hat das Ganze freilich nicht – Indien erkennt mittlerweile an, dass die Einheimischen wirklich, wirklich in Ruhe gelassen werden wollen. Vielleicht rührt diese Erkenntnis auch daher, dass jeder Helikopter, der sich nähert, mit einer Wolke aus Pfeilen und Speeren empfangen wird.

DIVERSITY? OFFENE GRENZEN?

DIE SENTINELESEN ENTGEGNEN DERARTIGEN IDEEN MIT EINEM PFEIL INS KNIE.

FAZIT: Die ideale Destination für den beseelten Gutmenschen. Nicht nur kann man die Einheimischen perfekt glorifizieren, da sie in hundertprozentigem Einklang mit der Natur leben und ressourcenschonend wie nachhaltigkeitsbewusst nur das nutzen, was ihnen Gaia natürlich zukommen lässt. Man kann (zumindest bis zu seiner Hinrichtung) die Leute auch noch ausgiebig über die Grundübel der Xenophobie und der Fremdenfeindlichkeit belehren. Und das Ganze nach einer langen Flugreise, wegen der man ein echt, echt schlechtes Gewissen hat. Immerhin wird der eigene CO_2-Fußabdruck durch diesen Trip permanent auf null gesetzt.

Am einfachsten ist die Anreise über diverse indische Flughäfen, von denen aus man direkt nach Port Blair gelangen kann, der Hauptstadt der Andaman-Inseln. Von dort aus sind es nur fünfzig Kilometer Luftlinie bis zu einem Abtritt, von dem auch die Enkelkinder noch mit leuchtenden Augen erzählen können.

Die Fahrt nach North Sentinel Island »muss« mit einem selbst gesteuerten Boot erfolgen – der Ruf der Insel ist ihr so weit voraus, dass auch größere Bestechungsgelder ihre Wirkung verfehlen. Wichtig ist, dass man sich nicht von den Patrouillenbooten erwischen lässt, die die Isolation der Sentinelesen überwachen sollen.

▲ Viel näher kommt man an die Insel nicht heran, auch nicht von oben.

◀ Aus einem alten Werbeprospekt: »Ein Besuch auf North Sentinel Island wird Ihnen bis an Ihr Lebensende in Erinnerung bleiben.«

AKUTE STRAHLENKRANKHEIT

KARATSCHAI-SEE, RUSSLAND

KOSTEN **GEFAHR** **SPEKTAKEL**

Dieses Buch ist wahrlich keine abschließende Liste gefährlicher Orte auf dieser Welt, es gibt noch viel mehr als diejenigen, die hier exemplarisch vorgestellt werden. Darunter sind solche, die nur dann bedrohlich sind, wenn man sich zur falschen Zeit am falschen Ort aufhält, sprich: wenn man Pech hat. Oder dann, wenn man sich fahrlässig verhält. Und dann gibt es einige wenige, bei denen die bloße Anwesenheit ausreicht, um die irdische Existenz zu verkürzen. Von dieser exklusiven Gruppe an Destinationen ist wohl keine Einzige so extrem gefährlich und ausnahmslos tödlich wie der Karatschai-See in Russland. Und das kommt so:

In der guten alten Zeit, als man noch mit radioaktiven Elementen experimentieren durfte, ohne gleich für jede Kernschmelze lauthals kritisiert zu werden, kam es zu einem folgenschweren Zwischenfall in einer sowjetischen Nuklearanlage. Über ein Leck in der Kühlanlage gelangten Unmengen höchst radioaktiver Stoffe in den nahe gelegenen Karatschai-See und verseuchten ihn damit bis zu einem Zeitpunkt in der fernen, fernen Zukunft. Der Grund des Sees besteht seitdem aus einer mehrere Meter dicken Schicht aus purem Atommüll.

Wie damals üblich, nahmen es die Sowjets mit der Wahrheit nicht so genau und leugneten jahrelang, dass es überhaupt zu einem Zwischenfall gekommen sei. Erst als 1968 eine halbe Million Menschen die unleugbaren Symptome radioaktiver Vergiftung zeigten, wurde man skeptisch.

Lange Jahre galt der See daher als der giftigste – und damit auch gefährlichste – Ort auf der ganzen Welt. Die wenigen wissenschaftlichen Experimente, die an seinem Ufer durchgeführt werden konnten, lieferten beeindruckende Ergebnisse. Zum Vergleich: Eine Röntgenaufnahme beim Zahnarzt schlägt mit bis zu 0,00001 Sievert (der Einheit, die die Gesundheitsfolgen der Strahlung schätzt) zu Buche. Zeit ihres Lebens dürfen amerikanische Astronauten 1 Sievert ausgesetzt sein. Am Karatschi-See maß man 6 Sievert – pro Stunde. Die Strahlung war intensiv genug, um einem Menschen innerhalb von sechzig Minuten eine letale Dosis zu verabreichen. Und das, ohne dass man etwas davon sehen kann.

Dazu reicht es aus, zum See zu fahren, sich ans Ufer zu stellen, die Natur zu genießen und dann abzuwarten. Bereits nach wenigen Minuten treten Schwindel und Erschöpfung ein, dazu kommt eine gereizte Haut, ähnlich wie bei einem Sonnenbrand. Im Laufe der folgenden Stunde gesellt sich ein bunter Strauß an Symptomen dazu: Übelkeit, Erbrechen, schwerer Durchfall, extreme Kopfschmerzen, mitunter auch Schmerzen in den Knochen oder Augen. Es folgen wahlweise Lethargie, unkontrollierte Zuckungen oder Lähmungen. Die Mortalitätsrate nach 48 Stunden liegt bei 100 Prozent – und dafür genügt die reine Anwesenheit.

▸ »Draußen nur Kännchen«

FAZIT: Wer – aus unerfindlichen Gründen – zum Karatschai-See reisen möchte, bucht am besten ein *one-way*-Ticket nach Tscheljabinsk, einer russischen Großstadt direkt hinter dem Ural. Von dort aus sind es nur 90 Kilometer mit dem Auto gen Nordwesten bis zum Terminus der Reise.

Wobei: Nachdem der See das erste Mal ausgetrocknet ist und der radioaktive Staub Hunderttausende Menschen verstrahlt hat, setzte sich auch in Russland die Erkenntnis durch, dass es unvorteilhaft wäre, dieses Problem lediglich auszusitzen. Daher begann man in 2015, den See zuzuschütten, um die Strahlung abzumildern und ihn in ein »der Erdoberfläche nahes« Endlager zu verwandeln. Die Russen versichern, dass die Radioaktivität seitdem deutlich zurückgegangen ist. Ins Grundwasser gelangt sie bestimmt auch nicht. Also besteht gar kein Risiko mehr – die Russen würden bei so etwas Wichtigem ja nicht lügen. Wem das nicht reicht, der muss auf die nächste Kernschmelze warten. In Tschernobyl erreichte man kurz nach der Explosion Werte von immerhin 50 Sievert in nur zehn Minuten. Bei derartigen Dosen bleiben nur wenige Minuten bis zum Koma.

ERFRIEREN

POL DER UNZUGÄNGLICHKEIT, ANTARKTIS

KOSTEN €€€€€ **GEFAHR** 💣💣💣💣💣 **SPEKTAKEL** ✸✸

Am Anfang waren es zwei Pole, Nord- und Südpol. Dann kamen der geografische Nord- und Südpol dazu. Und dann eine ganze Reihe andere Pole, denen allen nur eines gemeinsam ist: Sie sind die abgelegensten und damit am schwierigsten erreichbaren Orte der Erde. Und der abgelegenste aller abgelegensten Pole findet sich in der Antarktis, genauer gesagt am Südlichen Pol der Unzugänglichkeit.

Die Reise dorthin lohnt sich eigentlich nur für die Leute, die schon überall anders gewesen sind. Mitten auf einem Hochplateau liegt der Punkt der Antarktis, der vom Meer am weitesten entfernt ist. Selbst zum verhältnismäßig gut erschlossenen Südpol sind es von hieraus noch einmal 800 Kilometer – durch das ewige Eis, mit einer durchschnittlichen Temperatur von minus 50 Grad und fast einem halben Jahr ununterbrochener, allumfassender Finsternis.

Doch was erwartet einen als Belohnung? Nicht die Aussicht, so viel sei verraten: Das Einzige, was sich am Pol der Unzugänglichkeit findet, ist eine gen Moskau ausgerichtete Büste von Wladimir Lenin. Sie sitzt auf dem Dach einer mittlerweile vom Schnee überwältigten Forschungsstation, die die Russen bei ihrem ersten Besuch am einsamsten Fleck der Welt 1958 hinterlassen haben. Die Hingabe für diesen Scherz ist wahrlich bemerkenswert.

Seit 1958 ist es nur einer Handvoll Expeditionen gelungen, den Pol zu erreichen. Die modernen Abenteurer versuchen nämlich, den Ort möglichst ohne technische oder gar mechanische Hilfsmittel zu erreichen. Eine körperliche Glanz-

So – oder so ähnlich – schaut es auf dem Weg zum Pol der Unzugänglichkeit aus. Zumindest im antarktischen Sommer, wenn die Sonne scheint. Ansonsten herrscht vollkommene Finsternis.

▲ Zumindest Lenins Büste ist dort angekommen, wo sie hingehört: am Arsch der Welt.

leistung, die zugleich in ihrer Nutzlosigkeit nicht zu überbieten ist. Selbst mit jahrelanger Erfahrung und modernster Ausrüstung ist ein solches Unterfangen kaum von einem Selbstmordkommando zu unterscheiden. Dafür ist einem die Publicity sicher – einzige Leiche in einem Umkreis von mehreren Hundert Kilometern, und das auf Jahre hinweg!

FAZIT: Wer diesen Pol bereisen will, braucht viel Geduld und eine prall gefüllte Portokasse.

Zunächst einmal ist völlig unklar, wie sich die Antarktis als touristische Destination entwickeln wird. Einerseits ist der Kontinent vom Menschen nahezu unberührt und es mehren sich die Stimmen, die fordern, dass das auch in Zukunft so bleibt. Andererseits sind viele Wahnsinnige bereit, Unsummen zu bezahlen, nur um einmal auf dem siebten Kontinent gewesen zu sein – Geld, das auch der Forschung zu Gute kommen würde. Es sei darauf hingewiesen, dass es immerhin schon einen eigenen »Lonely Planet« für die Antarktis gibt.

Bis auf weiteres ist der Zugang zur Antarktis nur über wenige Knotenpunkte möglich – Feuerland, Kapstadt, Neuseeland. Von hier aus verlassen Frachtschiffe, auf denen heiß begehrte Kabinenplätze gemietet werden können, und einige Flugzeuge die Zivilisation gen Süden. Zumindest antarktische Gewässer erreicht man auch mit spezialisierten Kreuzfahrten. Allen Optionen ist gemein, dass sie schweineteuer sind.

Eine günstige Alternative ist daher das Studium einer Wissenschaft wie Biologie, auf deren Basis man 25 Jahre Berufserfahrung sammeln kann, um dann als gereifter Wissenschaftler und Koryphäe für seltene Flechten für einen Einsatz vor Ort ausgewählt zu werden.

Da der Pol der Punkt ist, der am weitesten vom Meer entfernt ist, ist es auch relativ egal, wo man seinen Marsch beginnt.

Kostenloser Bonus-Tipp: Niemals in den Wind pinkeln – bei den herrschenden Temperaturen kann feuchte Kleidung den schnellen Tod bedeuten.

BLITZSCHLAG

CATATUMBO, VENEZUELA

KOSTEN GEFAHR SPEKTAKEL

Franz Josef Strauß fasste es einmal wundervoll zusammen: »Was passiert, wenn in der Sahara der Sozialismus eingeführt wird? Zehn Jahre überhaupt nichts, und dann wird der Sand knapp.«

Was die meisten wohl als das übliche Gepolter aus dem Süden der Republik abgetan haben, erwies sich in der Folge als erschreckend akkurate Vorhersage. Nur nicht in der Sahara, sondern auf einem anderen Kontinent. Nach ein paar Praxissemestern Sozialismus wurden in Venezuela Nahrungsmittel knapp und selbst um das Toilettenpapier brachen Verteilungskämpfe aus. Vorläufiges Highlight bleibt jedoch die Bestätigung der bayrischen Prognose im Jahre 2017, als Venezuela – vermutlich das Land mit den größten Ölreserven der Welt – zum ersten Male das Öl ausging.

Während die Wirtschaft weitestgehend kollabiert ist und sich Venezuela Stück für Stück von der Außenwelt abkoppelt, ist das Einzige, was munter ansteigt, die Kriminalitätsrate. Seit Beginn des neuen Jahrtausends hat sich etwa die – ohnehin schon exorbitante – Mordrate mehr

▲ Mit Spannung erwartet: Das allabendliche Gewitter von Catatumbo gilt als völlig natürliches Weltwunder.

als verfünffacht, bei Entführungen stieg die Rate gleich um den Faktor 17, und vom Drogenhandel müssen wir gar nicht erst sprechen.

Alles in allem: Venezuela war nie eine große touristische Destination. Mittlerweile muss man jedoch schon beim Verlassen des Flughafenterminals um Leib und Leben fürchten. Das ist umso bedauerlicher, wenn man bedenkt, was für einzigartige Landschaften Venezuela bieten kann.

AUS EINER VILLA IM SAARLAND DEN SOZIALISMUS ZU PREDIGEN IST LEICHT.

IHN IN VENEZUELA ZU ÜBERLEBEN IST SCHWIERIG.

Das wohl spektakulärste Naturereignis sind die Gewitter von Catatumbo, direkt über dem Maracaibo-See, wo Südamerikas größtes Gewässer sich in die Karibik ergießt, genauer gesagt an seinem südlichen Ende. Über dem Bergsee stoßen mit geradezu planbarer Präzision heiße und feuchte Luftmassen aus der Karibik mit eisigen Luftmassen der westlich gelegenen Anden aufeinander. Die steilen Wände des Maracaibo-Beckens drängen die feuchte Luft in die Höhe, wo sie in der Folge mächtige Gewitterwolken bilden, die der Region an rund 300 Tagen für rund 10 Stunden am Stück ein kolossales Unwetter bescheren: Kein Ort auf der Welt zählt mehr Blitze als Maracaibo, mit rund 28 Treffern pro Minute oder 1,2 Millionen pro Jahr – das sind umgerechnet 250 Entladungen pro Quadratkilometer (zum Vergleich: in Deutschland kommt man auf rund sechs). Die Gewitterzelle, so wird vermutet, ist die größte Quelle natürlichen Ozons in der Welt, dessen typischer Geruch nach den Unwettern über dem See liegt.

Und das seit Jahrhunderten. In spanischen Gedichten finden sich schon 1597 Verweise auf das »ewige Gewitter«. Der Entdecker Alexander von Humboldt beschrieb das Schauspiel als »Leuchtturm von Maracaibo«, das man – weil es mit solch bemerkenswerter Regelmäßigkeit auftritt – gleich zur maritimen Navigation nutzen konnte. Und, wenn man der Legende Glauben schenken darf, haben die Venezolaner dem Gewitter sogar ihre Unabhängigkeit zu verdanken, als die spanische Flotte im Jahre 1823 einen Überraschungsangriff plante, aber durch das taghelle Blitzlichtgewitter verraten wurde. Und in der Folge eine krachende Niederlage erfahren musste.

Die Liebe zur Legende hat sich bis heute gehalten. Zahlreiche Mythen umranken das Naturschauspiel: So wird gerne behauptet, das Gewitter werde durch Erdgas, das aus den Sümpfen aufsteigt, besonders intensiv. Oder der hohe Urangehalt in den Bergen würde die Elektrizität geradezu magisch anziehen. Oder die Blitze seien lautlos, weil es sich um eine einzigartige Form von Gewitter handelt. Oder die Blitze hätten eine ungewöhnliche Farbe. Natürlich stimmt nichts von alledem, aber das ändert ebenso wenig daran, dass es nirgendwo auf der Welt so hervorragende Chancen gibt, vom Blitz getroffen zu werden.

FAZIT: Ideale Option für diejenigen, die den Nervenkitzel suchen und sich zugleich an einem Naturspektakel erfreuen können. Außerhalb der stillen Jahreszeit – Januar und Februar – ist ein Unwetter so gut wie garantiert. Um die Chancen auf einen Einschlag zu maximieren, gilt es natürlich, sich mit möglichst viel Metall zu umgeben, etwa indem man auf einem metallenen Bötchen in den Sturm rudert und den Selfie-Stick kess in die Höhe reckt.

Die Anreise bleibt allerdings herausfordernd – selbst wenn man ein Ticket bis zum Flughafen von Maracaibo ergattert, steht noch eine mehrstündige Autofahrt gen Süden vor, von der alle, die sich auskennen, in deutlichen Worten abraten. Die Grenzregion zwischen Kolumbien und Venezuela wird von Drogenkartellen kontrolliert, die nicht dafür berühmt sind, Gefangene zu nehmen. Ihre Anwesenheit stellt ein wesentlich größeres Risiko dar, als es das Gewitter jemals könnte. Wer einen Fahrer braucht oder gar mit einem Boot auf den See hinausfahren möchte, muss also zahlungsfreudig und hartgesotten sein.

Fahren Sie weiter, hier gibt es nichts zu sehen. Also ... wirklich nicht.

GOTTVERLASSENHEIT

BOUVET ISLAND, ANTARKTISCHER OZEAN

KOSTEN €€€€€ **GEFAHR** 1/5 **SPEKTAKEL** 1/5

Wenn Sie zu den Menschen gehören, die vor ihrem Urlaub nicht wissen, welche Kleidung sie einpacken sollen, sei Ihnen an dieser Stelle Bouvet Island empfohlen – wenige Orte auf der Welt haben das ganze Jahr ein dermaßen gleichmäßiges Klima. Mit minimalen Variationen kann man Temperaturen um die null Grad erwarten und eine steife Brise aus dem Westen. Der Nachteil von Bouvet Island ist allerdings, dass es nahezu unmöglich ist, hierherzukommen: Die Insel gilt als die abgelegenste der Welt.

Und in der Tat gibt es rund um Bouvet Island nichts, außer eisig kaltem Wasser. Die Insel liegt 2.500 Kilometer südwestlich von Kapstadt, mitten im sprichwörtlichen Nirgendwo. Im Umkreis von 1.000 Meilen findet sich kein noch so kleines Fleckchen Land; wer festen Boden unter den Füßen wünscht, findet diesen nach 1.750 Kilometern in Richtung Süden – in der Antarktis. Die nächsten Menschen finden sich auf Tristan da Cunha – ihres Zeichens wiederum die abgelegenste, aber bewohnte Insel der Welt.

Viel zu bieten hat Bouvet Island freilich nicht. Die knapp 60 Quadratkilometer große Insel ist zwar ein aktiver Vulkan, aber zugleich fast komplett von dickem Gletschereis bedeckt. Eine Landung mit dem Schiff ist in Bouvet fast unmöglich – selbst, wenn Wind und Wetter sich von ihrer kooperativen Seite zeigen (in diesen Breiten eher selten der Fall), besteht fast die gesamte Küste aus einem steilen, von Eis überzogenen Kliff. Einzig im Nordwesten der Insel hat ein noch recht junger Lavastrom ein Plateau geschaffen, an dem es überhaupt möglich ist, sich der Insel zu nähern. Doch auch hier ist Vorsicht geboten: Wer bei diesen Temperaturen ins Wasser fällt, hat kaum Überlebenschancen. Aus diesem Grunde empfiehlt es sich, einen Helikopter mitzunehmen, mit dem man vergleichsweise sicher auf der Insel landen kann. Auf diese Weise spart man sich auch den Kontakt mit den rumlungernden Seeelefanten, deren Gastfreundschaft üblicherweise schnell überstrapaziert ist.

Wie gesagt, bietet die Insel nicht viel. Was sie aber bieten konnte, war ein Mysterium: Bei einer der seltenen Expeditionen fand man im Jahr 1964 in der einzig zugänglichen Bucht ein großes Ruderboot – und an Land einige Überreste menschlicher Aktivität. Von den Menschen allerdings keine Spur. Und auch das Boot selbst war wenige Jahre später wieder spurlos verschwunden. Handelte es sich um ein Rettungsboot? Aber von welchem Schiff, so weit abseits der gängigen Routen? Oder um eine Expedition? Aber weshalb sollte sie ihr Boot zurücklassen? Nichts von alledem schien Sinn zu ergeben, zumal wenige Leute die Insel überhaupt betreten hatten und kaum Zeit hatten, den wenigen Spuren nachzugehen. Erst Jahrzehnte später konnte eine schlüssige Theorie etabliert werden – wahrscheinlich handelte es sich um das Boot einer sowjetischen (!) Forschungsmission, die hier an Land gegangen, aber per Hubschrauber evakuiert worden war. Wind und Wetter vernichteten alle Spuren am Boot, die einen Hinweis auf seine Herkunft hätten geben können, und einige Jahre später das Boot selbst. So zumindest die plausibelste aller Theorien – aber Bouvet Island ist nicht nur die einsamste Insel der Welt, sondern auch fast komplett unberührt: Wer weiß, was sie noch alles an Geheimnissen versteckt hält?

FAZIT: Als derart abgelegene Insel taucht Bouvet Island auch in zahlreichen Stammtabellen als »eigenständiger« Ort auf, so dass es so manches Portal gibt, dass automatisiert günstige Flüge nach oder heiße Singles auf Bouvet Island verspricht. Um der vorprogrammierten Enttäuschung direkt entgegenzuwirken: Wer kein eigenes Boot + Helikopter zur Verfügung hat, kann einzig und allein darauf hoffen, an einer Antarktis-Expedition teilzunehmen, die auf ihrem Weg von Südafrika hier Halt macht. Die Chancen sind allerdings nur unwesentlich besser, als vor Ort auf die erhofften heißen Singles zu treffen.

DSCHIHAD

BAGDAD, IRAK

KOSTEN **GEFAHR** **SPEKTAKEL**

Die Terroranschläge vom 11. September 2001 haben die westliche Welt nachhaltig verändert. Mit ihnen, so der Eindruck, ist der Islamismus auch in Europa und Amerika angekommen, direkt vor der eigenen Haustür. Und mit ihm die Frage nach dem »Warum« – warum sprengt sich jemand in die Luft in der vagen Hoffnung, mit 72 Jungfrauen belohnt zu werden? Vor allem, wenn man auch einfach katholischer Priester werden und sie sicher haben kann?

In jedem Fall dominiert das Thema seither Politik und Medien. Doch wie viel islamistischen Terror hat es seitdem überhaupt gegeben? Die meisten Menschen entsinnen sich einer Handvoll Anschläge – Madrid, London, Paris, Nizza, Berlin. Doch der Schein trügt, denn die tatsächliche Zahl

▸ Eine friedliche Straßenszene wie diese ist Alltag in Bagdad. Genau wie ihr abruptes Ende.

liegt um ein Vielfaches höher als das, was die meisten Menschen auf Anhieb vermuten.

Die BBC veröffentlichte 2014 eine Analyse, nach der allein in einem einzigen Monat – November 2014 – weltweit 664 islamistische Anschläge gezählt wurden. Andere Auswertungen – wenn auch aus weniger angesehenen Quellen – legen nahe, dass irgendwann zwischen 2016 und 2017 die Marke von 30.000 Angriffen überschritten wurde.

Nur: Die wenigsten dieser Anschläge schaffen es in die Zeitung, noch weniger von ihnen in das Langzeitgedächtnis der Leser. Der Großteil beschränkt sich nämlich auf wenige Brennpunkte dieser Welt, allen voran Afghanistan, Pakistan, Nigeria, Syrien und – den einsamen Spitzenreiter – Irak. In den meisten Fällen bekämpft sich der Islam dabei selber, indem Anhänger seiner verschiedenen Strömungen zu erbitterten Feinden werden, genau wie damals bei der Volksfront von Judäa und den Spaltern von der judäischen Volksfront. Und koordiniert wird es von Leuten wie Osama bin-Laden, die in ihrer Villa gammeln und den lieben langen Tag (westliche!) Pornos schauen.

Naturgemäß sind verlässliche Zahlen schwer zu erhalten, gerade in Ländern, die vom jahrelangen Krieg zerrüttet sind. Zudem: Wann genau ist ein Anschlag religiös motiviert? Selbst wenn die Zählung der *Global Terrorism Database* ein wenig ungenau wäre, führt kein Weg an der Erkenntnis vorbei, dass die Sicherheitslage besonders im Irak alles andere als rosig ist. Zu Spitzenzeiten wurden im Schnitt zehn Anschläge am Tag verübt – fast alle von ihnen mit Toten und Verletzten. Zudem konzentrieren sich die Angriffe im Irak auf einige zentrale Regionen.

FAZIT: Auch eine Reise in den Irak kommt in erster Linie für Leute in Frage, die überall sonst schon gewesen sind. Wann immer die Sicherheitslage es zulässt, wird auch fleißig geflogen, so dass die Anreise sich vergleichsweise leicht gestaltet (ein Visum wird allerdings benötigt). Ein Blick auf die Seite des Auswärtigen Amtes verrät, wo tagesaktuell Bombenstimmung herrscht. Ob sich ein Abstecher nach Bagdad lohnt, ist mehr als nur zweifelhaft, denn wie diese Absätze sicher verdeutlichen konnten, ist das Risiko hoch – und wer als Einzelfall in die Statistik einzieht, kann sicher sein, schon bald vergessen zu werden.

Praktisch ist jedoch – besonders für die Leser mit eingeschränkter Mobilität –, dass der Islamist auch zu einem nach Hause kommen kann. Wer kein Geld für die Reise hat oder wegen familiärer Verpflichtungen nicht einfach verreisen kann, muss bloß eine Karikatur vom Propheten veröffentlichen und abwarten.

HAIANGRIFF

DAS MEER VOR RÉUNION, RÉUNION

KOSTEN €€€ **GEFAHR** 4 von 5 **SPEKTAKEL** 4 von 5

Wussten Sie, dass das Risiko, von einer Kokosnuss erschlagen zu werden, viel größer ist als das, von einem Hai gefressen zu werden? Das liegt vor allem daran, dass es an Land keine Haie gibt. Und das ist auch gut so, denn Haie sind wie Spinnen, nur unter Wasser. Sie sind überall. Im näheren Umkreis wird sich auch einer aufhalten. Er weiß auch, wenn Sie da sind. Aber Sie können nicht wissen, dass er da ist.

Natürlich muss man auch das direkt relativieren. Da Haifischangriffe sehr genau erfasst werden, weiß man, dass es nur wenige Spezies gibt, die Menschen ohne dessen Provokation angreifen. Dazu zählen neben den Tigerhaien, den Weißspitzen-Hochseehaien und den Bullenhaien die weltberühmten Weißen Haie. Und trotz jahrelanger Forschung ist immer noch nicht klar, ob diese Tiere den Menschen als Beute sehen oder bloß Spaß an der Freude haben, wenn er panisch um sich schlagend in den Ozean ausblutet.

IM INDISCHEN OZEAN VOR DER INSEL RÉUNION HERRSCHEN IDEALE BEDINGUNGEN FÜR EIN AUFEINANDERTREFFEN VON HAI UND MENSCH.

Die Statistiken sprechen auch eine deutliche Sprache darüber, wo das Risiko lauert. Die meisten Attacken finden in den Gewässern der Vereinigten Staaten, Australiens und Südafrikas statt. Dann wiederum sind dies alles große Länder mit langen, teils dicht besiedelten Küsten. Nimmt man die Größe in die Rechnung auf, zeigt sich: Nirgendwo ist der Nervenkitzel beim Plantschen größer als auf Réunion, der beschaulichen Insel im Indischen Ozean. Das Risiko dürfte hier um den Faktor 1.000 höher liegen als in Australien – und das will was heißen.

Der naive Logiker würde an dieser Stelle vermuten, dass diese Erkenntnis allein ausreicht, um die Einwohner Réunions vom Ozean fernzuhalten. Doch dem ist nicht so. Nach über einem Dutzend Toten durch Haiangriffe innerhalb weniger Jahre wurde 2006 ein Verbot erteilt, ins Meer zu gehen – sehr zum Verdruss der Bevölkerung. Für so manchen Surfer gehören die Fische eben zum Berufsrisiko. Wellenreiten kann man schließlich auch mit einem Arm. Andere Reaktionen, wie das organisierte Notschlachten von Haien, haben bloß eine homöopathische Wirkung. Und Surfer aus Überzeugung lassen sich ohnehin nicht von einem schnöden Gesetz abhalten, und damit verhalten sie sich fast wie Junkies, die nicht von ihrer Sucht loskommen, selbst wenn sie wissen, dass sie ihnen schadet. Eigentlich fehlt nur noch, dass sie den Neoprenanzug weglassen und sich gleich mit Senf und mediterranen Kräutern einreiben, um es den Haien noch schmackhafter zu machen.

Weshalb sich die Haiangriffe ausgerechnet vor Réunion häufen, bleibt ein Rätsel. Theorien gibt es mehr als genügend, aber plausibel erscheint allen voran, dass das Meer um die Insel schlicht ein perfekter Lebensraum für Haie ist. Zudem ist das Wasser meist trübe und selbst in Küstennähe tief, da die vulkanische Insel sich steil vom Boden des Ozeans emporhebt – ideale Bedingungen für das Aufeinandertreffen von Hai und Mensch.

Heutzutage sind die Strände von Réunion überzogen mit Warnschildern, die man ernst nehmen sollte. Auch seichtes Plantschen ist nicht zu emp-

▸ Haie haben mehr Angst vor Ihnen als Sie vor den Haien. Moment, das waren Spinnen … Nein, dieser hier möchte Sie in der Tat auffressen.

fehlen: Erst 2013 kam es zu einem mittlerweile legendären Zwischenfall, als ein großer Haifisch eine Fünfzehnjährige mit einem einzigen Biss halbierte – und das nur fünf Meter vom sicheren Strand entfernt. In einem Happen eine halbe Französin zu verspeisen widerspricht, so die bescheidene Meinung des Autors, irgendwie der These, bei Haiangriffen handele es sich um ein »Versehen«.

FAZIT: Über Frankreich oder über Mauritius ist es ein Leichtes, nach Réunion zu kommen. Zwölf Stunden Flug trennen Sie von einem wunderschönen, tropischen Paradies. Da das Eiland zu Frankreich gehört, genügt sogar ein Personalausweis für die Einreise, und der Aufenthalt ist unbegrenzt. Somit bleibt viel Zeit, die Strände zu erkunden.

Wer einen Haifisch sehen möchte, kann seine Chancen maximieren, wenn er auf einem Surfbrett in die Brandung paddelt. So sieht man am ehesten aus wie eine gutgenährte, saftige Robbe. Auch kleinere Blutungen können hungrige Haie anlocken, selbst aus großer Entfernung – ideal für die Damen, die herausfinden wollen, ob sie ihrem Tampon nicht nur beim Rollerbladen wirklich vertrauen.

▾ Natürliche Selektion in freier Wildbahn beobachten: Auch dies ist in Réunion problemlos möglich.

GIFTGAS

KRONOZKI-NATURRESERVAT, RUSSLAND

KOSTEN **GEFAHR** **SPEKTAKEL**

€€€€ 💣💣💣💣💣 ✵✵✵

Kamtschatka ist Teil von Russland, aber zugleich eine Welt für sich. Die 1.200 Kilometer lange Halbinsel im fernen Osten ist nicht nur näher an Kalifornien gelegen als an Moskau, sie ist auch in jeglicher Hinsicht weit weg vom Rest Russlands. Die bevölkerungsreichste Stadt der Halbinsel, Petropawlowsk-Kamtschatka, ist die zweitgrößte Stadt der Erde, die nicht ans Straßennetz angeschlossen ist. Wer hier hinreisen möchte, muss Schiff oder Flugzeug bemühen.

Dabei gibt es keine Region in Russland, deren Besuch sich so sehr lohnt wie Kamtschatka. Nicht nur ist das Klima milder als im Rest des Landes, die Halbinsel zählt zudem zu den geologisch aktivsten Gegenden der Welt. Direkt am pazifischen Feuerring gelegen, wurde hier 1952 eines der wenigen Erdbeben registriert, die die magische Grenze von 9,0 auf der Richter-Skala erreicht haben. In Bewegung sind Grund und Boden aber fast kontinuierlich; überall zischt und dampft es, Dutzende malerische Vulkane verteilen sich über die menschenleere Landschaft.

Es mag vielleicht überraschen, dass ein Land mit zweifelhafter Umweltschutzbilanz wie Russland strenge Naturschutzgebiete ausweist, doch genau dies ist der Fall. Das Kronozki-Naturreservat beispielsweise war bis 2011 für die Öffentlichkeit komplett gesperrt. Und unzugänglich sowieso: Auch hier gibt es keine Straßen, die Anreise erfolgt bevorzugt mit dem Helikopter. Wer sich auf den weiten Weg macht, wird belohnt mit einer unberührten, einzigartigen Landschaft aus Vulkanen, Geysiren und Flüssen, in denen fette Bären fette Lachse fischen. Triste Mondlandschaften wechseln sich ab mit farbenfrohen Pflanzen und bunten Gesteinen.

Mitten in dem Reservat findet sich der Vulkan mit dem klangvollen Namen Kichpinych (1.552 Meter über dem Meeresspiegel). Seinen Ursprung hat er in einem großen Ausbruch im Jahre 700; seitdem ist er ununterbrochen aktiv. In einem Tal am Fuße des Berges finden sich zahlreiche bekannte Geysire, ein zweites Tal wurde jedoch erst 1975 – beinahe zufällig – entdeckt und bald darauf als »Tal des Todes« bekannt.

In diesem »Tal des Todes« – zwei Kilometer lang, ein- bis fünfhundert Meter breit – sammeln sich bei ungünstigen Wetterverhältnissen wie einer Inversionslage giftige Gase und ersticken arglose Tiere. Die anhaltende vulkanische Aktivität stößt große Mengen an Kohlenstoffdioxid, Wasserstoffsulfid und Kohlenstoffdisulfid aus. Ist es windstill, lagern sich diese Gase im Tal an und erreichen eine kritische Konzentration. Besonders trügerisch dabei: Einige dieser giftigen Gase sind geruchslos oder werden schon nach kurzer Zeit gar nicht mehr wahrgenommen. Und so funktioniert's dann in der Praxis:

Das Frühjahr steht ins Haus, der Schnee schmilzt, und ein einsames Häschen erblickt in der Ferne eine vielversprechende Futterquelle, sagen wir ein Fleckchen Gras inmitten des tauenden Schnees. Geil, denkt sich das Häschen und hoppelt los. Doch bevor es seine Mahlzeit genießen kann, wird es von der Müdigkeit übermannt.

Nach dem strengen Winter freut sich allerdings auch der ansässige Fuchs über eine solide Mahlzeit. Er erspäht in der Ferne das Häschen, das nach Futter sucht. Geil, denkt sich der Fuchs, endlich was Vernünftiges zu essen. Dieses Spiel zieht sich über die gesamte Nahrungskette (z.B. Häschen – Fuchs – Vielfraß) fort, an deren Ende

▲ So sieht das Gegenteil eines Luftkurortes aus: Einige der austretenden Gase sind für Mensch und Tier tödlich.

ein erstickter Bär von einem neugierigen Touristen entdeckt wird.

Geil, denkt sich der Tourist und macht sich auf, den Kadaver mit einem Stock zu pieken oder um mit ihm ein Selfie zu machen. Zwar hat er etwas bessere Chancen – der Geruch nach faulen Eiern ist zumindest kurz wahrnehmbar und die dichteste Konzentration an Gasen findet sich im ersten Meter über dem Boden – doch bleibt auch ihm nicht viel Zeit, zu reagieren. Benommenheit ist ein erstes Symptom, oft auch das letzte. Wer sich kurz hinlegt oder zu lange bückt, etwa um ein schönes Foto zu schießen, begeht hier einen folgenschweren Fehler.

Wenn kleine Tiere in dem Tal verenden, setzen sie auf diese Weise einen tragischen Dominoeffekt in Gang. Ranger im Park weisen darauf hin, dass dieser Dominoeffekt sich stoppen lässt, wenn das Aas entfernt wird. Andernfalls lockt es unweigerlich andere Tiere an, zumal es besonders lange erhalten bleibt – durch die lebensfeindliche Atmosphäre im Tal nimmt auch die Verwesung deutlich mehr Zeit in Anspruch.

FAZIT: Es gibt einige vulkanische Täler auf der Erde, in denen sich Kohlendioxid ansammelt und eine Gefahr darstellt. Ein giftiger Cocktail wie derjenige im »Tal des Todes« in Kamtschatka ist aber weltweit einzigartig und entschädigt für die teure, etwas umständliche Anreise und den bescheidenen Service, den man in Russland leider ertragen muss.

Viele Wissenschaftler sind auf einer Standardroute durch den Park jahrelang neben diesem tödlichen Tal hergelaufen, ohne sich der nahen Gefahr bewusst zu sein – erst 1975 wurde sie entdeckt. Bis heute bleibt die Gefahr höchst real: Bei passenden Wetterbedingungen kann man in das Tal zwar hineinlaufen, nicht aber wieder hinaus. Da die Gegend so abgelegen ist, braucht man auch nicht auf Warnschilder oder eine Rettungsaktion zu hoffen. Der Abgang selbst ist aber schnell und relativ gnädig – außer Schwindel und ein bisschen Verwirrung wird man nichts merken.

▾ Wenn die einheimischen Bärer kein Aas finden, freuen sie sich doch immer über neugierige Touristen.

SCHNITTWUNDEN

TSINGY DE BEMARAHA STRICT NATURE RESERVE, MADAGASKAR

KOSTEN **GEFAHR** **SPEKTAKEL**

Im tiefsten Madagaskar findet sich eine der bemerkenswerten Landschaften unseres Planeten: ein Wald aus Stein. Und zwar aus messerscharfem Kalkstein, dessen Felsnadeln bis zu siebzig Meter in die Höhe ragen, verteilt über eine Fläche von 850 Quadratkilometern.

Dieses außergewöhnliche Naturreservat, Tsingy de Bemaraha genannt, liegt im Osten Madagaskars und zählt zu den bekanntesten Sehenswürdigkeiten des Landes. Für den normalen Besucher ist der Besuch dieses UNESCO Weltkulturerbes alles andere als bedrohlich – das größte Risiko stellt die Lebensmittelhygiene auf dem Weg zum Park dar. Anders ist die Lage für all diejenigen, die die Kalksteinfelsen auf eigene Faust erkunden wollen.

Denn: Die Felsen stehen dicht beieinander, und je nachdem, welchen Teil des Steinwaldes man erkunden möchte, kann man nicht einfach hinspazieren, sondern muss fleißig klettern. Und da beginnen die Schwierigkeiten, denn der Kalkstein sieht nicht nur scharf und spitz aus, sondern ist es auch. »Tsingy« steht für »das Land, in dem du nicht barfuß gehen kannst«, und jener Name kommt nicht von ungefähr (Tetanus lässt grüßen). Da man hier auf keinen Fall abrutschen darf, ist das Vorankommen entsprechend mühselig. Selbst mit Seilen ist Vorsicht geboten, denn die scharfen Felskanten machen auch mit modernem Equipment kurzen Prozess. Dazu kommt, dass bei einigen der Felsen auch waschechte Kletterkunst gefragt ist.

WER TOLLWUT HABEN MÖCHTE, LÄSST SICH VON EINEM EINHEIMISCHEN HUND BEIßEN.

WER TETANUS BEVORZUGT, GEHT EINFACH BARFUß KLETTERN.

Da es dermaßen schwierig ist, im Park voranzukommen, sind noch viele Teile weitestgehend unberührt. Einige gesicherte Wanderwege führen zwar hindurch, aber die einheimischen Tier- und Pflanzenarten konnten sich dennoch vollkommen ungestört entwickeln und erweisen sich jetzt als Goldschatz für alle Biologen. Denn diejenigen, die sich bis hierhin vorkämpfen, entdecken in den Tiefen des Parks regelmäßig neue Spezies. Entgegen dem, was man auf den ersten Blick vermuten könnte, brummt es hier nur so vor Leben.

FAZIT: Ein kleines Abenteuer abseits der viel betretenen Pfade, dazu aber ein atemberaubender Ausblick – alle, die einen Besuch der Tsingy de Bemaraha Strict Nature Reserve wünschen, sollten zwei Tage vor Ort einplanen und genügend zu trinken mitnehmen, da man auf den Felsen spätestens ab 9 Uhr geröstet wird. Wer möchte, dass er von seiner Versicherung auch mal Geld zurückbekommt, hat mehrere Optionen, den Nervenkitzel zu erhöhen. Dazu zählen der strikte Verzicht auf die Tetanus-Impfung und die Fortbewegung in Crocs.

Bester Ausgangspunkt für die Erkundung des Reservats ist der Ort Morondava – wobei »bester« nicht »gut« bedeutet, denn die Infrastruktur vor Ort besteht im Wesentlichen aus holprigen Pisten.

▾ Ein Wald aus Steinen, bedeckt von einem Wald aus Bäumen – das perfekte Labyrinth für begeisterte Biologen.

AUTOUNFALL

STRASSE DES TODES, BOLIVIEN

KOSTEN €€€ **GEFAHR** 💣💣💣💣 **SPEKTAKEL** ✸✸✸

Die »Straße des Todes« in Bolivien zählt zu den berühmtesten Straßen der Welt. Auf knapp siebzig Kilometern Länge verbindet sie die Hauptstadt La Paz mit dem Ort Coroico, direkt durch das Hochland der südamerikanischen Anden. Als besonders unfallträchtig gilt dabei der Abschnitt zwischen dem Dorf Chusquipata und dem Zielort Coroico.

Dieser Teil der Yungas-Straße ist freilich nicht asphaltiert. Er ist auch nur so breit, dass zwei entgegenkommende Autos eigentlich keine Chance haben, aneinander vorbeizukommen. Leitplanken oder Beleuchtung gibt es so gut wie gar nicht – besonders nachteilig, denn die Straße hat über 200 Haarnadelkurven und ist an weiten Teilen direkt in den steilen Fels hineingehauen. Bei trockenem Wetter nimmt der Staub die Sicht, bei feuchtem Wetter ist es der Nebel. Zu allem Überfluss wird der Straßenbelag bei Regen schnell glitschig – von den Überraschungen, die von oben die Berge herunterrutschen, ganz zu schweigen. Kurzum: Diese Straße fordert ihren Fahrern alles an Nervenstärke und Erfahrung ab.

Zwar gibt es mehrere Stellen, an denen der Fahrweg verbreitert wurde, um Gegenverkehr durchzulassen. Da aber niemand auf dieser Straße mehrere Kilometer zurücksetzen möchte, befahren die Einheimischen den Weg vorzugsweise nachts, so dass sie sich an den entgegenkommenden Autoschweinwerfern orientieren können. Der Nachteil des Ganzen ist allerdings, dass man die Straße selbst kaum mehr erkennen kann.

All diese Attribute machen deutlich: Das risikoaverse und vollkaskoversicherte ADAC-Mitglied sollte auf die in 2006 eröffnete Alternativroute ausweichen. So tun es auch die meisten Menschen, die hier leben. Die »Straße des Todes« wird heute überwiegend von Radfahren genutzt, die den Nervenkitzel suchen. Sie werden auf den Pass hinaufgefahren und sausen dann die Straße hinab, vom kargen Hochland bis in den dichten Urwald dreitausend Meter tiefer. Und Nervenkitzel wird ihnen geboten, denn auch für sie gilt: Einem Moment der Unachtsamkeit auf der Straße folgt ein freier Fall von der Straße, der gut und gerne mehrere Hundert Meter betragen kann – Wile E. Coyote lässt grüßen. Bei den widrigen Bedingungen sind auch schon mehr als genügend Fahrradfahrer vom rechten Weg abgekommen und waren schneller unten als die anderen.

ZU DEN BESTEN ZEITEN LIEß FAST JEDEN TAG EIN MENSCH SEIN LEBEN AUF DER »STRAßE DES TODES«.

Dass sich kaum mehr ein Autofahrer auf die Straße verirrt, liegt aber nicht nur an der Dauer der Fahrt (rund sechs Stunden waren einzuplanen), sondern allen voran an den wahrlich horrenden Statistiken, die der »Straße des Todes« zu ihrer einzigartigen Reputation verholfen haben. Zu den besten Zeiten ließen rund 200 bis 300 Menschen pro Jahr ihr Leben auf diesem kurzen Weg; zahlreiche Kreuze am Wegesrand weisen auf die Stellen hin, an denen Autos, Busse und Lkws den Halt verloren haben und über die Böschung gefallen sind. Zwar wurde an der ursprünglichen Straße massiv nachgebessert, aber ihren Mythos hat sie dennoch nicht verloren.

FAZIT: Eine Faustregel besagt: 80 Prozent der Menschen zählen sich zu den 20 Prozent der besten Autofahrer. Wo kann man diesen Beweis besser antreten als auf der urtümlichen Straße des Todes? Vielleicht sogar im Rückwärtsgang? Oder nach zwei Bier, weil »man dann besser fährt«?

Schwierig zu erreichen ist »El Camino de la Muerte« nicht – schließlich ist es die Straße, die Coroico mit der Hauptstadt verbindet. Als Autofahrer braucht man nur noch einen Leihwagen, als Radfahrer einen vertrauenerweckenden Tourguide – und schon kann's losgehen.

Wer wissen möchte, wie es sich auf der ursprünglichen »Straße des Todes« anfühlte, kann übrigens eine nahe gelegene Alternative wählen: Die South Yungas Road, die La Paz und Chulumani verbindet, weist ein ganz ähnliches Profil auf und eignet sich daher ebenfalls für eine Abschlussfahrt.

▾ Wäre toll zu wissen, ob ein selbstfahrendes Auto diese Strecke meistern könnte …

▲ Alles, was hier so abrutscht – und das ist einiges –, wird alsbald vom Dschungel verschluckt.

VERÄTZUNG

BERKELEY PIT, USA

KOSTEN €€€ **GEFAHR** **SPEKTAKEL**

Noch vor einem Jahrhundert war Montana Teil des »Wilden Westens«, wie man ihn aus zahlreichen Western kennt. Das Leben war hart, das Klima war hart, die Kerle waren hart und die Jobs noch härter. Eine falsche Meinung, zu laut geäußert, konnte dafür sorgen, dass man kurz darauf vom ersten Baum außerhalb der Stadt baumelte.

Und doch zogen die Leute in Scharen nach Montana, denn die anhaltende Nachfrage nach Metall versprach Arbeit – zwar unter denkbar harschen Bedingungen, aber zumindest mit auskömmlichem Lohn. Auch wenn es alles andere als glamourös war, konnte man in Montana zumindest leben.

Eine der Minenstädte, die von diesem Boom profitieren konnte, ist Butte: Butte besaß, was unter dem geflügelten Wort *»the richest hill on Earth«* bekannt wurde, ein unvorstellbar großes Vorkommen an wertvollen Metallen, teilweise direkt unter der Erdoberfläche.

Zu dieser Zeit wirkten die Firmen, die den Tagebau betrieben, so groß und mächtig wie heutige Software-Giganten aus dem Silicon Valley, bei denen man sich kaum ausmalen kann, dass auch sie eines Tages nicht mehr existieren. Doch die Geschichte kennt eine andere Wendung: Nach dem Zweiten Weltkrieg stieg die größte Bergbaufirma – mit dem klangvollen Namen Anaconda – auf den offenen Tagebau um. Neben einem existierenden Schacht begann man, von der Oberfläche aus wertvolle Metalle aus dem Boden zu fördern. Allen voran Kupfer, aber auch kleinere Mengen Silber und Gold. 1 Milliarde Tonnen später, im Jahre 1982, wurde der Bergbau dann eingestellt. Hinterlassen hatte er eine Mondlandschaft samt einem Krater von 540 Meter Tiefe, der sich über die Jahre hinweg langsam mit einsickerndem Grundwasser füllte. Und damit fingen die Probleme erst an.

Selbst mit aufwendigen Umweltschutzmaßnahmen ist der Bergbau keine saubere Industrie. Ohne derartige Maßnahmen gibt es wohl wenige menschliche Aktivitäten, die Grund und Boden so nachhaltig schädigen können. Kaum waren die Pumpen, die die Mine im Betrieb trocken halten sollten, abgeschaltet, füllte sich die Grube nicht nur mit Wasser, sondern auch mit allerlei Giften, die aus dem Berg herausgespült wurden. Der (natürliche) Schwefel im Berg reagierte mit dem Wasser zu schwefelhaltigen Säuren, die wiederum mit allerlei Metallen reagieren und sie aus dem Fels waschen konnten.

»THE RICHEST HILL ON EARTH«?

VIELLEICHT EHER

»THE DEADEST PLACE ON EARTH«!

Heute findet sich in der Nähe der Stadt Butte ein See mit einem pH-Wert von 2,5, der nicht nur mit Schwefelsäure angereichert ist, sondern auch mit giftigen Metallen wie Kupfer, Arsen und Cadmium. Deren Konzentration ist in dieser toxischen Brühe so hoch, dass zehn Jahre lang der »Bergbau« direkt aus dem Wasser betrieben wurde. Das Kupfer wurde herausgefiltert (gut), aber in diesem Prozess durch Eisen ersetzt (vielleicht nicht optimal). Je nach Wassertiefe und Lichtverhältnissen schimmert das Wasser nun rötlich oder grünlich.

▸ Das Städtchen Butte im Hintergrund, das Naherholungsgebiet im Vordergrund.

Doch die Uhr tickt weiter, denn der Wasserspiegel steigt weiter an und droht, die Grundwasservorräte der Region zu verseuchen (auch wenn offiziell kein Risiko besteht). »Verseuchen« ist in diesem Zusammenhang in der Tat der richtige Begriff, denn die sogenannte Berkeley Pit ist in den USA als Massengrab für Vögel berühmt geworden.

Beim ersten dokumentierten Zwischenfall im Jahre 1995 kamen 342 Gänse ums Leben, weil sie im See landeten und bald darauf kläglich verendeten. Wenig überraschend stritt die für den See verantwortliche Firma zunächst jeglichen Zusammenhang zu den Giften aus dem Bergbau ab. 342 Obduktionen konnten jedoch das Gegenteil belegen – durchgeätzte Speiseröhren sprachen eine eindeutige Sprache. Zwar versucht man mittlerweile, mit modernen Methoden möglichst viele Vögel zu vergrämen, doch auch 2016 verendeten »mehrere Tausend« Schneegänse auf dem Gewässer, als sie auf ihrer alljährlichen Migration einen Zwischenstopp einlegten.

Das Einzige, was in dem See noch leben kann, sind spezielle Pilze und Bakterien, die sich an die unwirschen Bedingungen angepasst haben und im Kampf um die extrem knappen Ressourcen weitere hochtoxische Verbindungen herstellen. Die Forschung versucht derzeit herauszufinden, ob diese Verbindungen medizinisch genutzt werden können. Um den See herum passiert derweil etwas Ähnliches, wie es bereits in Tschernobyl beobachtet werden kann – die Abwesenheit von Menschen erlaubt es der Natur, den Raum ungestört wieder zurückzuerobern.

FAZIT: Ein riesiger See voll mit giftiger Brühe, gelegen inmitten einer kargen Mondlandschaft. Solange man nicht vorhat, ein Bad zu nehmen oder – um Gottes willen – seinen Durst zu löschen, ist der Ausflug zur Berkeley Pit geradezu harmlos. Wer allerdings einen Ausflug mit dem Kanu unternimmt oder vielleicht nur im entscheidenden Moment ausrutscht, für den war das Rückflugticket vielleicht nicht die sinnvollste Investition. Nichts Genaueres weiß man jedoch nicht, da der Brühe bislang nur Vögel zum Opfer gefallen sind – dem ersten Menschen sind Schlagzeilen garantiert. Besonders vorteilhaft: Die Berkeley Pit lässt sich wunderbar mit dem nahe gelegenen Yellowstone National Park kombinieren.

»Aber für ein paar Jahre haben wir einen prächtigen Gewinn erwirtschaftet, das sollte man nicht vergessen.«

TIEFENRAUSCH

BLUE HOLE, ÄGYPTEN

KOSTEN **GEFAHR** **SPEKTAKEL**

Keine Frage, Tauchen ist ein gefährlicher Sport. Mit der richtigen Vorbereitung und maximaler Professionalität lassen sich die Risiken minimieren. Aber richtige Vorbereitung und maximale Professionalität sind langweilig, weshalb mit schöner Regelmäßigkeit Taucher ihr Glück überstrapazieren und dann ihr Leben im kühlen Nass lassen.

Als besonders gefährlich gilt dabei das Höhlentauchen. So wie es schon einfach genug ist, sich zu Fuß in einer Höhle zu verirren, ist es unter Wasser um ein Vielfaches schwieriger, die Orientierung nicht zu verlieren und stets die Ruhe zu bewahren. Anders als auf festem Boden bewegt man sich schließlich in drei Dimensionen und das Wasser schluckt das Licht wie ein dichter Nebel.

Dennoch locken besondere Tauchplätze Extremsportler an, wie etwa das Bushman's Hole in Südafrika, einer Grube, in der man fast 300 Meter senkrecht in die Tiefe tauchen kann, um dort im fahlen Licht der Stirnlampe die Eintönigkeit zu bestaunen. Bei derartigen Expeditionen ist aber zumindest ausgeschlossen, dass sich die Taucher der Risiken nicht bewusst sind. Ohne jahrelange Erfahrung wagt sich niemand in solche Höhlen hinab, zumal in derartigen Tiefen besondere Gasgemische genutzt und teils stundenlange Dekompressionspausen gemacht werden müssen.

Einfacher ist es daher an den berühmten Hotspots zu verunglücken, an denen sich auch unerfahrene Taucher versuchen. Besondere Berühmtheit hat hier das Blue Hole in Ägypten erlangt. An der Küste der Sinai-Halbinsel gelegen, ist das Blue Hole ein – im wahrsten Sinne des Wortes – tiefblaues Loch in einem türkisenen Riff, genau dort, wo die Wüste auf das Meer trifft. Tausende Besucher kommen jedes Jahr hierher, um bei perfekten Bedingungen zu schnorcheln und zu tauchen.

Die besondere Herausforderung liegt darin, in die eingestürzte Karsthöhle hineinzutauchen. Sie ist rund 50 Meter breit und über 100 Meter tief. Und obwohl nur wenige Schritte entfernt die Konditionen viel besser sind (mehr Fische, klareres Wasser), reizt es viele Taucher, den »Arch« zu durchschwimmen, einen Bogen, der vom Grund des Blue Holes bis in eine Tiefe von 55 Metern reicht und eine direkte Verbindung zum Meer darstellt. Rund 25 Meter gilt es zu durchschwimmen, bis man den offenen Ozean erreicht und dort wiederauftauchen kann. Und genau an diesem »Arch« beginnen die Probleme.

Die meisten Leute, die gelegentlich tauchen, sind nur für Tiefen bis 40 Meter zertifiziert. Geht es tiefer, werden die Herausforderungen exponentiell größer – besondere Gasgemische, längere Dekompression beim Aufstieg und schlechtere Lichtverhältnisse ... In der Höhle selbst ist zudem das Wasser trüb. All das ist bestens bekannt und selbst wenn nicht – die vielen Gedenktafeln für verunglückte Taucher nahe dem Blue Hole sollten eine deutliche Sprache sprechen.

Aber, Leute sind Idioten und verhalten sich entsprechend, weshalb das Blue Hole mittlerweile als Äquivalent zum Kilimandscharo gehandelt wird – eigentlich nicht sonderlich gefährlich, aber gefährlich unterschätzt.

Ab besagter Tiefe von rund 40 Metern kann es zu der gefürchteten Stickstoff-Narkose kommen, in der das eigentlich völlig harmlose Gas für körperliche und geistige Beeinträchtigungen sorgt.

▲ Das Blue Hole bietet perfekte Bedingungen zum Schnorcheln mit der Familie und zum Ertrinken.

Weil die Parallelen zum Alkohol so deutlich sind, wird das Ganze auch als »Martini-Effekt« bezeichnet. Entsprechend verhalten sich die Leute, doch 55 Meter unter Wasser ist ein Besoffener weitaus mehr gefährdet als auf einer herkömmlichen Parkbank. Taucht man noch tiefer, wird selbst der lebenswichtige Sauerstoff giftig, und ähnlich wie beim Besteigen eines hohen Berges begibt man sich in eine Todeszone, in der jede Minute zählt – bleibt man zu lange, gibt es keine Rückkehr. Selbst erfahrene Taucher fallen diesen Anfängerfehlern zum Opfer. Sie tauchen zu schnell ab und verlieren in der Tiefe Orientierung und Verstand, im Gegenzug werden sie mit Euphorie und Halluzinationen belohnt. Plötzlich scheint es eine prima Idee, die Maske aus dem Mund zu nehmen und zu schauen, was so passiert. Andere versuchen diesem Problem zu entgehen, indem sie auf ihr Equipment ganz verzichten und nur mit einem tiefen Atemzug abtauchen.

Das Blue Hole ist dabei nur einer von zahlreichen Orten auf der Welt, die eine einschlägige Reputation aufweisen. Natürlich gibt es keine belastbare Statistik, doch schätzen Einheimische, dass bereits 200 Menschen ihr Leben im Blue Hole gelassen haben – einsamer Rekord, der dem Blue Hole den Spitznamen »Friedhof der Taucher« einhandelte und den Mythos endgültig zementierte. Darüber hinaus erlangte der Ort Berühmtheit, weil ein russischer Taucher seinen eigenen Abgang gefilmt hat, und man nun online bestaunen kann, wie er in wenigen Minuten in die finstere Tiefe herabsteigt, am Grunde des Meeres Sand aufwirbelt und dort seine finalen Atemzüge nimmt.

▼ Wenn Sie dieses Bild auf den Kopf drehen, sehen Sie einen Taucher auf dem Weg zum rettenden Ufer.

FAZIT: Der Ruf von Ägypten als Reiseland hat in den vergangenen Jahren stark gelitten. Wer darüber hinwegsehen kann, für den ist die Anreise äußerst unproblematisch; auf Wunsch ist sogar eine Pauschalreise möglich, denn das Blue Hole liegt nur siebzig Kilometer nördlich von Sharm el Sheikh. Wie jede gefährliche Tauchdestination eignet sich die Höhle besonders für diejenigen, die zur Selbstüberschätzung neigen. Zwar sind die Sicherheitsvorkehrungen in den vergangenen Jahren deutlich erhöht worden – so ist der Zugang für »unqualifizierte« Taucher sogar gesetzlich verboten –, aber das bezieht sich sicherlich nur auf die anderen und stellt für den Adrenalinsüchtigen lediglich eine zusätzliche Herausforderung dar. Man gewinnt so oder so: Entweder man kann den »Arch« durchschwimmen und die wundervolle Atmosphäre genießen, die schon mit einer »Kathedrale unter dem Meer« verglichen wurde. Oder man kann sich gigantischer Publicity erfreuen: Als vermisster Taucher schafft man es sicher auf die Titelseite der heimischen Gazette, das oben erwähnte Video generierte gar Millionen von Klicks.

REISE OHNE RÜCKKEHR

MARS, SONNENSYSTEM

KOSTEN	GEFAHR	SPEKTAKEL
€€€€€ €€€€€ €€€€€ €€€€€	5 von 5	5 von 5

Am 27. Dezember 1984 fanden US-Wissenschaftler bei einem Streifzug entlang der Allan Hills in der Antarktis einen bemerkenswerten Stein. Das Team vermutete, dass es sich um einen Meteoriten handelt, und nahm den rund zwei Kilogramm schweren Felsbrocken zur Untersuchung mit. Es stellte sich heraus, dass sie recht hatten mit ihrer Annahme, auch wenn die Herkunft des Gesteins noch weit spektakulärer war, als zunächst erahnt. Weitere Analysen konnten beweisen, dass das Gestein direkt vom Mars stammt.

Mittlerweile sind weit über 100 Meteoriten bekannt, deren Ursprung man auf dem roten Planeten vermutet. Sie alle wurden durch Einschläge auf dem Mars ins Weltall geschleudert,

trieben dort teilweise Millionen Jahre umher und kollidierten dann mit der Erde, um hier vom Menschen gefunden zu werden. Diese einfache Beschreibung reicht aber bei weitem nicht aus, um der Ungeheuerlichkeit dieser Ereignisse gerecht zu werden: Unser Nachbar im Sonnensystem ist immerhin zwischen 55 und 401 Millionen Kilometer von uns entfernt. Selbst unter günstigen Umständen ist das wie ein Hole-in-one aus einem Kilometer Entfernung – und das, ohne zu wissen, in welche Richtung man den Ball den überhaupt schlagen soll. Und ihn dann Millionen Jahre später im Loch zu finden, ohne danach gesucht zu haben.

Jeder Einzelne dieser Funde heizte die Begeisterung für zukünftige Mars-Expeditionen an; einige von ihnen enthielten deutliche Hinweise auf Wasser, manche sogar Anzeichen für die Existenz primitiver Lebensformen. Da sich zugleich die Technologie mit rasanter Geschwindigkeit weiterentwickelt, dürfte es nur eine Frage der Zeit sein, bis die ersten Menschen die Erde in Richtung Mars verlassen. Vielleicht finden sie dort einen Hinweis auf den Ursprung des Lebens – vermutlich jedoch in erster Linie eine karge Einöde.

Auf dem Weg dahin warten jedoch zahlreiche Risiken. Einige sind bestens bekannt – siehe *Challenger*-Unglück. Allerdings kommt noch eine Reihe ganz anderer Gefahren auf Marsreisende zu: Die Astronauten müssen monatelang auf engstem Raum zusammenleben. Sie werden bislang unerforschten Mengen kosmischer Strahlung ausgesetzt sein. Sie müssen ohne Übung auf einem fremden Planeten – mit Atmosphäre – landen und können dabei nicht auf Unterstützung hoffen. Und selbst wenn sie die Landung unbeschadet überstehen, so sind sie auf einem Planeten gefangen, dessen Luft sie niemals werden atmen können, dessen eisige Temperaturen sie ohne Schutzkleidung niemals ertragen können und bei dessen Umwelt sie noch gar nicht wissen, ob sie menschliches Leben überhaupt zulässt.

PLÄNE FÜR EINE REISE ZUM MARS EXISTIEREN SCHON LANGE.

NICHT JEDOCH FÜR EINE RÜCKKEHR.

Zudem: Ob privat oder staatlich, ob in naher Zukunft oder in vielen Jahren – eines ist allen Konzepten gemein, die die Erkundung des roten Planeten vorantreiben wollen. Ihre Astronauten erhalten ein Einwegticket. Einerseits hat dies banale technische Gründe: Die Anziehungskraft eines Planeten ist so stark, dass Unmengen an Energie nur für den Start einer Rakete benötigt werden. Diese Menge an Treibstoff bedeutet zusätzliches Gewicht, welches – nach heutigem Stand der Technik – nicht sinnvoll zum Mars mitgeführt werden kann. Zum anderen ist völlig unklar, wie sich ein längerer Aufenthalt ohne Schwerkraft (im All) und anschließend geringer Schwerkraft (auf dem Mars ungefähr ein Drittel der irdischen Schwerkraft) auf die Gesundheit der Astronauten auswirkt. Bei denjenigen, die bereits viel Zeit in Raumstationen verbracht haben, führte es zu Symptomen wie Schlaflosigkeit oder massiver Verschlechterung der Sicht. Das Hauptproblem ist jedoch, dass die Muskeln verkümmern – mit völlig ungewissen Langzeitfolgen.

▾ Ähnlich wie bei Ayers Rock ist die Wirklichkeit weniger rot, als die Bilder ahnen lassen: die ewige Weite unseres einzigen bewohnbaren Nachbarplanets.

▲ Egal, wo sie hinlaufen – es wird noch kein Mensch vor ihnen dort gewesen sein.

FAZIT: Nichts für die Reisenden mit Ebbe in der Portokasse. Der Mars ist und bleibt auf absehbare Zeit das mit Abstand teuerste Reiseziel. Dennoch gibt es schon Organisationen, die Freiwillige suchen, die bereit sind, ihr restliches Leben – ob lang oder kurz sei mal dahingestellt – auf dem Mars zu verbringen, sobald die technische Machbarkeit gegeben ist.

Wer möchte, kann sein Glück versuchen, sollte aber für die Bewerbung perfekte körperliche Fitness mitbringen, herausragende Intelligenz besitzen und bessere Sozialkompetenz als Captain Bligh. Und Geduld: Allein die Anreise dauert mehrere Monate. Bei erfolgreicher Ankunft steht der weltweiten Berühmtheit aber nichts mehr im Wege: Nachfolgende Generationen werden Sie genauso kennen und lieben wie die ersten Menschen auf dem Mond: Neil Armstrong, Buzz Aldrin und … äh … den dritten Typen.

DSCHUNGEL

DARIÉN GAP, PANAMA

KOSTEN €€€ **GEFAHR** **SPEKTAKEL**

Wenn es eine Meisterleistung der Ingenieurskunst gibt, dann diese: Die Panamericana, längste Straße der Welt, verbindet Alaska mit Feuerland. Von der Prudhoe Bay im hohen Norden der Vereinigten Staaten bis hin nach Ushuaia, dem Außenposten der Zivilisation im südlichen Argentinien, führt eine durchgehende Straße und verbindet zwei Kontinente miteinander.

Zumindest fast – genau in der Mitte, ein kurzes Stück südlich des Panama-Kanals, fehlen rund 100 Kilometer Strecke. Die Darién Gap ist ein undurchdringlicher Streifen Dschungel, der bis heute vollkommen isoliert bleibt. Wer von Norden nach Süden reisen möchte, muss hier auf die Fähre ausweichen, die Panama mit Kolumbien verbindet.

Dass Panama unwegsame Wildnis aufweist, ist für Europäer spätestens seit 2014 bekannt, als zwei holländische Touristinnen im Urwald nahe Boquete verloren gingen. Es vergingen Wochen, bis ihre Überreste (Betonung auf der zweiten Worthälfte) fernab ihrer vermuteten Position gefunden wurden. Bis heute ist es nicht gelungen, schlüssig nachzuvollziehen, was ihnen bei ihrer Wanderung widerfahren ist. Alles, was bleibt, sind 77 versuchte Notrufe und mysteriöse Nahaufnahmen von Haaren in der Dunkelheit, die auf ihrer Kamera gefunden wurden. Und das war in dem Teil Panamas, der touristisch intensiv genutzt wird.

Südlich des Panama-Kanals sieht die Sache anders aus. Bis zum kleinen Örtchen Yaviza führt noch eine durchgehende Straße, auch wenn ihre Qualität stellenweise bereits zu wünschen übrig lässt. Doch dann ist Schluss: Hier beginnt die Darién Gap, undurchdringliche Wildnis, zusam-

▸ Seien wir ehrlich: Diese Art von Wanderung hört schon nach zehn Metern auf, Spaß zu machen.

mengewürfelt aus Bergen und Sümpfen, die von einem erstickenden Teppich aus dichtem Grün überzogen sind.

Die erste Person, die versucht hat, diese Lücke im Straßennetz mit einem Jeep zu durchqueren, hat fast zwei Jahre dafür benötigt. Selbst heute werden noch mehrere Wochen für derartige Expeditionen eingeplant. Vor derartigen Reisen wird aber in aller Deutlichkeit gewarnt, denn die Darién Gap wurde schon als gefährlichster Ort der westlichen Hemisphäre beschrieben. Hier erwarten den Reisenden – neben einem heiß-feuchten Klima – ein dichter Dschungel mit teils giftigen Pflanzen und aggressiven Tieren (Giftschlangen, Jaguare), undurchdringbaren Sümpfen, paranoiden Drogenkurieren, angriffslustigen Guerillas und einer Grenzpolizei, die nicht zu Späßen aufgelegt ist. Mit ein bisschen Glück erwarten einen auch noch exotische Krankheiten oder Organhändler auf der Suche nach frischer Ware.

Daher die naheliegende Frage: Wie schwer kann es denn nun sein, das Bisschen Straße noch zu bauen? Die Herausforderung wäre groß, aber vermutlich mit heutiger Technologie zu meistern. Es scheitert eher am Willen. Zum einen ist man ganz froh über eine natürliche Mauer zwischen Norden und Süden – so schwappen Drogengewalt, politische Unruhen und sogar Krankheiten nicht so leicht von einem Kontinent auf den anderen über. Zum anderen festigt sich der Widerstand der Umweltschützer: Die Darién Gap ist eine der artenreichsten Regionen der Erde; hier gibt es unzählige (oft bedrohte) Arten, aber kaum Menschen. Damit ist auch Panama Teil der »grünen Lunge«, deren Fortbestehen von hoher Bedeutung ist. Die Sorge ist, dass

Unberührter Dschungel, so weit das Auge reicht – und mittendrin unzählige Menschen, die sich verlaufen haben.

eine Straße nahezu unvermeidlich zu einer Industrialisierung führt, die sowohl der Natur, als auch den einheimischen Volksgruppen schaden würde. Insofern sieht es so aus, als bliebe dieser Streifen Erde auf absehbare Zeit unberührt. Perfekt für den trendigen Blogger, der »verloren gehen« möchte.

FAZIT: Kaum ein Reiseziel sieht so idyllisch aus und erweist sich als so gefährlich wie die Darién Gap – zumal man vorher nicht sagen kann, welche Gefahren einen denn nun wirklich erwarten. Verlaufe ich mich? Werde ich an der Malaria dahinsiechen? Oder doch von ein paar Rebellen entführt? In jedem Falle erwartet einen das Abenteuer im unberührten, wenn nicht gar unberührbaren Urwald.

Bei der Anreise ist jedoch Vorsicht geboten: Ein Bericht spricht von zwei Reisenden, die planlos aufgebrochen sind und sich von Ort zu Ort durchgefragt haben, wo es denn nach Panama gehe, ohne je am Ziel anzugelangen. Es empfiehlt sich daher eine Flugreise zu einem Ort in Nord- oder Südamerika und die anschließende Weiterfahrt mit dem Auto. Wer auf die Zehntausend-Kilometer-Fahrt und lästigen Grenzübergänge verzichten will, reist direkt nach Panama-Stadt an, von wo aus es nur noch rund 250 Kilometer bis zum Ende der Straße sind.

WASSERMANGEL

SKELETTKÜSTE, NAMIBIA

KOSTEN **GEFAHR** **SPEKTAKEL**

Sollte ein Schiff stranden, dann passiert das meistens, weil es an Bord Probleme gab. Strandet es an der Skelettküste Namibias, ist die Lage anders – dann fangen die Probleme erst an.

Als Skelettküste bezeichnet man heute die Ostküste Namibias, auf dem Stück zwischen der Grenze zu Angola und dem Städtchen Walvis Bay. Der Name Skelettküste rührt von einem Roman über eines der Schiffe her, die hier endeten, und bezieht sich wahlweise auf die Überreste gleichfalls gestrandeter Wale oder die der zahlreichen Seemänner, die in dieser Wüste ihr Leben ließen. Falls das zu düster ist: Die Portugiesen kennen diesen Streifen Land als »das Tor zur Hölle«, die Einheimischen sprechen von dem »Land, das Gott in Wut erschuf«.

Es sind drei Faktoren, die die Skelettküste für Schiffe so gefährlich machen. Zum einen bildet sich vor der Küste regelmäßig ein äußerst dichter Nebel – wie eine weiße Wand am Rande der Wüste. Zum zweiten weht hier gerne eine steife Brise. Und zum dritten gibt es mit dem Benguelastrom eine Kaltwasserströmung direkt an der Küste entlang. Alle drei Faktoren machen Navigation und Kontrolle eines Schiffes zu einer Herausforderung. Dutzende von Wracks in verschiedenen Stadien der Zersetzung zeugen davon. Und das auf einer der weltweit wichtigsten

Handelsrouten, auf direktem Wege zum Kap der Guten Hoffnung.

Für diejenigen, die gestrandet sind, gab es kaum ein Entkommen. Ins Landesinnere führt die Namib, eine der größten Wüsten der Welt, mit lächerlich geringen Chancen auf Niederschlag. Am Ufer entlang besteht immerhin die Chance, ein wenig nahrhaftes Aas zu finden, etwa eine friedlich vor sich hin verwesende Robbe. Frischwasser bleibt in beiden Fällen ein rares Gut, weshalb so mancher Seemann der tödlichen Versuchung erlegen ist, seinen Durst mit Meerwasser zu stillen. Das Klima tut ein Übriges – die Hitze am Tag weicht Temperaturen um den Gefrierpunkt in der Nacht.

Die besten Überlebenschancen haben diejenigen, die auf Nomaden stoßen, die an diesem schauerlichen Ort daheim sind. Oder waren – zumindest bis zum Zeitpunkt ihrer letzten Sichtung im Jahr 1940.

FAZIT: Große Warnschilder am Rande der Wüste sorgen dafür, dass niemand aus Versehen in die Namib spaziert und sich hinterher wundern muss. Auch hat modernes Equipment an Bord der Schiffe das Risiko, hier orientierungslos zu stranden, massiv reduziert. Was unverändert geblieben ist, sind die Risikofaktoren, allen voran der gespenstische Nebel.

Sehenswert ist die Gegend allemal – und zumindest die Anreise gestaltet sich unproblematisch. Von Walvis Bay aus führt heute eine Straße – besser: Sandpiste – 500 Kilometer nach Norden, stets in Küstennähe, bis zur Möwebucht, der letzten menschlichen Siedlung, samt Campingplatz. Dann folgen ein paar Hundert Kilometer Nichts, die Grenze zu Angola, ein paar weitere Hundert Kilometer Nichts, und dann – schlussendlich – Tômbua, ein überschaubares Örtchen im Süden Angolas. Alternativ geht es von Walvis Bay aus nach Süden; streng genommen nicht Teil der Skelettküste, aber ebenfalls voll mit Schiffswracks und einer ebenso reellen Chance, zu verdursten.

▼ »Gott sei Dank, wir haben es an Land geschafft!« – Niemand, der hier gestrandet ist.

▲ So viel Sand und keine Förmchen: Hunderte Kilometer nichts als Sand und Meer, die Einöde wird nur von Schiffswracks durchbrochen, die friedlich vor sich hin rosten.

ÜBERDOSIS

ATEM DES TEUFELS, KOLUMBIEN

KOSTEN €€€ **GEFAHR** **SPEKTAKEL**

Urbane Legende – oder doch reale Gefahr? Wenn es um den »Atem des Teufels« geht, dann scheiden sich die Geister. Aber unabhängig von der realen Gefahr hält sich der Mythos ungebrochen und wird von einer Backpackergeneration an die nächste weitergegeben.

Und das in etwa so: Ein argloser Student bereist Kolumbien und kriegt dort von einem Verkäufer eine Visitenkarte in die Hand gedrückt. Nach deren Studium fühlt er sich benommen, sein Mund fühlt sich trocken an, seine Pupillen ziehen sich zusammen. Wie ein Zombie wird er

Mindestens eine Person in diesem Bild wird gerade unter Drogen gesetzt. Können Sie sie sehen?

zum nächsten Geldautomaten geführt, hebt dort auf Befehl Geld ab, gibt dieses unbedarft aus der Hand und wird dann unbeaufsichtigt stehen gelassen. Wenn er Stunden später zu sich kommt, kann er sich kaum erinnern, was geschehen ist.

Und was ist geschehen? Die Karte war mit Burundanga getränkt, welches er über die Haut aufgenommen hat. Eine Droge, die den Konsumenten zu einem willenlosen Zombie werden lässt. In alternativen Fassungen der Geschichte wird die Droge in Pulverform ins Gesicht geblasen – und bevor man sich wehren kann, ist man schon auf dem Wege, eine Niere zu spenden.

Klar ist: Die Droge mit dem klangvollen Namen »Atem des Teufels« existiert. Chemisch ist sie eng verwandt mit Skopolamin, einem Gift, dass auch in nordamerikanischen Pflanzen enthalten ist. In größeren Dosen sorgt es für kuriose Symptome – etwa, dass man die Welt kurzzeitig in falschen Farben sieht. In kleineren Dosen hilft es gegen Reiseübelkeit. In Kolumbien, dort, wo der »Atem des Teufels« beheimatet ist, wird es außerdem verwendet, um Menschen in einen willenlosen Zustand zu versetzen.

Oder auch nicht? Die Gefahr, die von der Droge ausgeht, ist kaum belastbar abzuschätzen. Man möchte meinen, eine Droge, die beim bloßen Hautkontakt Frauen willenlos macht, hätte sich auch über die Landesgrenzen hinweg verbreitet. Andererseits: »Inoffizielle« Schätzungen gehen von rund 50.000 Fällen im Jahr aus, in denen Menschen in Kolumbien unter die Droge gesetzt werden; angeblich ist fast jeder zweite Kunde der örtlichen Notaufnahme ein Opfer vom »Atem des Teufels«. Für eine bloße urbane Legende sind diese Zahlen dann doch ein wenig hoch. Selbst das Auswärtige Amt weist darauf hin, dass rein statistisch alle zehn Stunden ein Angriff mit K.-o.-Tropfen stattfinden soll.

Die Gefahr ist dabei nicht nur, dass man ohne seine Wertsachen in einer Mülltonne wieder zu sich kommt. In der Tat kann man auch Opfer von sexuellem Missbrauch oder Organhandel werden. Dazu kommen die Nebenwirkungen der Droge selbst: Bei einer hohen Dosis – und wie will man die kontrollieren, wenn man sie anderen ins Gesicht pustet? – drohen Herz-Rhythmus-Störungen, Anfälle oder sogar ein Koma. In Kombination mit Alkohol ist die Wirkung noch fataler.

FAZIT: Kolumbien ist ideal für den risikofreudigen Reisenden. Schließlich ist auch nach mehreren Jahrzehnten – selbst die Nazis experimentierten schon mit dem Wirkstoff – völlig unklar, ob und wie der »Atem des Teufels« wirkt. Es gibt also nur eine Möglichkeit, es herauszufinden – mit einem Flugticket nach Bogotá und der Übernachtung in einer zwielichtigen Herberge ihrer Wahl. Besonders gut stehen die Chancen für eine interkulturelle Begegnung der dreisten Art für hübsche, allein reisende Frauen und wohlhabende, allein reisende Männer.

Und selbst wenn es mit den K.-o.-Tropfen nicht klappten sollte, bietet Kolumbien genügend Alternativen für einen Nervenkitzel: Sei es, dass man durch den Wald joggt und versucht, Landminen auszuweichen, sei es, dass man eine der freundlichen Rebellengruppen besucht, oder sei es, dass man den lokalen Drogenboss darüber informiert, dass man jüngst seine Tochter bestiegen hat – der Kreativität sind kaum Grenzen gesetzt. Ein Rückflugticket ist in jedem Falle nicht notwendig.

EINE DROGE, DIE IHRE OPFER WILLENLOS MACHT, KLINGT ZU GUT, UM WAHR ZU SEIN.

DIE BERICHTE KLINGEN ABER AUCH ZU GUT, UM ERFUNDEN ZU SEIN.

UND WAS STEHT SCHON AUF DEM SPIEL?

MEHR ALS EIN PAAR TAUSEND EURO UND EIN, ZWEI NIEREN WERDEN SCHON NICHT VERLOREN GEHEN.

KILLERVIREN

EBOLA, WEST- UND ZENTRALAFRIKA

KOSTEN **GEFAHR** **SPEKTAKEL**

Eine der global häufigsten Todesursachen, Aids, geht auf einen Virus zurück, der im vergangenen Jahrhundert vom Affen auf den Menschen übertragen wurde. Es gibt zwei Hypothesen, wie das geschehen konnte, und die andere ist, dass jemand sich beim Schneiden von rohem Affenfleisch verletzt und sich so mit dem HI-Virus infiziert hat. Heute ist Aids rund um der Globus präsent und kostet so manches, meist noch junges Leben. Nicht ganz unschuldig daran ist auch die katholische Kirche, die durch die schützende Verwendung von Kondomen vor ihr Dilemma gestellt wurde: Einerseits kann die Verhütung die Übertragung des Virus effektiv verhindern, andererseits ist es für die Priester viel schöner, dem kleinen Messdiener die Nächstenliebe ohne Gummi beizubringen.

Jedenfalls: In unregelmäßigen Abständen beglückt der Dschungel Afrikas die Menschheit mit neuen Krankheiten, so manche davon lebensbedrohlich. Es ist allenfalls eine Frage der Zeit, bis die nächste Überraschung aus dem Busch kommt. Der bislang folgenschwerste »Killervirus«, Ebola, tauchte zwar schon in den Siebzigerjahren das erste Mal auf, lief aber erst 2014 in Westafrika zur Höchstform auf. Ausgerechnet einige der ärmsten Nationen der Welt, darunter Guinea-Bissau, Liberia und Sierra Leone, verzeichneten fast 30.000 mit der gefährlichsten Variante des Ebola-Virus Infizierte; ein gutes Drittel von ihnen erholte sich nicht.

Auch hier liegt nahe, dass mangelnde Hygiene bei der Übertragung vom Tier auf den Menschen eine Rolle gespielt hat. Der Genuss von *bushmeat* gilt als heißer Kandidat. Auf gut Deutsch: Jemand hat eine tote Fledermaus auf der Straße gefunden und verspeist. Afrikas Antwort auf den Ein-Euro-Döner vom Bahnhof.

Die Verbreitung von Mensch zu Mensch ist in der Folge vergleichsweise einfach, insbesondere in dicht besiedelten Gebieten mit miserablen hygienischen Bedingungen und minimaler medizinischer Versorgung.

Fatalerweise sind die Symptome einer Ebola-Infektion zunächst – wie bei den meisten Viruserkrankungen – unspezifisch: Abgeschlagenheit, Kopf- und Gliederschmerzen, Fieber und Verdauungsstörungen. Damit unterscheidet sie sich zunächst kaum von einer handelsüblichen Grippe. Erst im weiteren Verlauf werden die Patienten von Ausschlag, inneren sowie äußeren Blutungen geplagt und verspüren einen unwiderstehlichen Drang, sich zum nächsten internationalen Großflughafen zu begeben, um eine möglichst breite Öffentlichkeit daran teilhaben zu lassen, wenn sich die verflüssigten Überreste ihrer Innereien durch das aus dem Körper verabschieden, was mal ein Schließmuskel gewesen ist.

Spätestens nach ein bis zwei Wochen ist der Spuk dann vorbei, so oder so, wobei viele der Überlebenden – ähnlich wie bei der Malaria – ein Leben lang die Folgen der Infektion spüren.

FAZIT: Gegen viele Tropenkrankheiten kann man sich impfen, gegen andere – wie Malaria – steht immerhin eine Prophylaxe bereit. Nicht zuletzt hilft auch ein gutes Insektenschutzmittel. Doch gegen Viren wie Ebola – und seinen Nachfolger, der früher oder später die Welt in Atem halten wird – ist erst einmal kein Kraut gewachsen. Zwar konnte die größte Epidemie durch ein vielversprechendes Vakzin eingedämmt werden, aber genau wie bei der Grippe ist die nächste Mutation schon unterwegs. Hier helfen nur rigorose Hygiene und – so schwer es auch ist – der Verzicht auf unzureichend gegartes Fleisch ungewisser Herkunft sowie ungeschützten Verkehr mit Sexualpartnern ungewisser Herkunft.

Die am häufigsten betroffen Länder sind keine typischen Urlaubsdestinationen. Von der großen Epidemie in Westafrika (2013–2016) abgesehen, fanden die meisten Ausbrüche in Zentralafrika statt, vor allem in Gabun, Kongo, der demokratischen Republik Kongo und in der zentralafrikanischen Republik. Wer hier an der Feldforschung aktiv teilnehmen möchte, muss nur den richtigen Zeitpunkt erwischen, d. h. anreisen, bevor der Flugverkehr eingestellt und Quarantäne ausgerufen wird.

DICHTESTRESS

INDIAN RAILWAYS, INDIEN

KOSTEN **GEFAHR** **SPEKTAKEL**

Als Kunde der Deutschen Bahn bleibt viel Zeit, über die Irrungen und Wirrungen des Lebens zu sinnieren. Im Sommer fallen die Züge wegen der Hitze aus, im Herbst wegen Laub auf den Gleisen, im Winter wegen Eis und Schnee, dazu ein gelegentliches Unwetter – eigentlich fehlt nur noch, dass die ICEs eine Pollenallergie entwickeln, um auch im Frühjahr sporadisch den Betrieb einstellen zu können. Wer bei lauschigen zehn Grad unter null auf dem zugigen Bahnsteig eine halbe Stunde auf seinen um fünf Minuten verspäteten Zug zur Arbeit wartet, kommt aber auch zu der Erkenntnis, dass die Deutsche Bahn vielleicht an ihrer Zuverlässigkeit arbeiten muss, aber zumindest relativ selten ihre Kunden umbringt.

Anders ist die Lage bei der Indischen Bahn. Zu ihrer Verteidigung sei direkt gesagt, dass sie um ein Vielfaches größer ist als ihr deutsches Pendant: Rund viermal so viele Gleise und viermal so viele Passagiere (so manchen davon allerdings auf dem Dach). Zudem zählt die Indische Bahn mit mehr als einer Millionen Angestellten zu den größten Arbeitgebern der ganzen Welt.

Zugleich trägt die Indische Bahn auch aktiv dazu bei, ihren Kundenstamm zu verkleinern. Im vorläufigen Rekordjahr 2014 ließen knapp 30.000

▲ Kein feiner Zug: Nur weil man drinnen sitzt, heißt das nicht, dass man die Zugfahrt auch überlebt.

Menschen ihr Leben bei Unfällen mit indischen Zügen – selbst für das bevölkerungsreichste Land der Welt eine absurd hohe Zahl. Die Hauptursachen dabei sind/waren der Fall aus/von dem grotesk überfüllten Zug und/oder der unfreiwillige Kontakt mit dem Zug beim Überqueren der Gleise.

Besonders in und um Mumbai ist die Lage kritisch; dort sind nicht nur die Züge notorisch überfüllt, sondern die Gleise führen auch durch Slums, in denen es kaum andere Infrastruktur gibt, so dass es faktisch unmöglich ist, die Leute am »wilden« Überqueren der Gleise zu hindern. Wer beim Kreuzen fünf paralleler Gleise dann nicht aufpasst, sieht sich alsbald frontal mit dem 9:35-Uhr-Express nach Pune konfrontiert.

Aus diesem Grund zählt man allein im Großraum Mumbai ein Viertel aller tödlichen Bahnunfälle Indiens. Allerdings gilt es auch diese Zahl mit Vorsicht zu genießen: Diverse Quellen berichten, dass es durchaus üblich sei, frisch Verstorbene auf die Gleise zu legen, um von der Indischen Bahn noch eine Entschädigung herauszuschlagen.

Dazu kommen noch – mit bemerkenswerter Regelmäßigkeit – eine Handvoll klassischer Zugunglücke pro Jahr. Es wird kollidiert und entgleist, was das Zeug hält. Doch selbst wenn man die Opfer dieser Unfälle mit denen aufaddiert, die vom Zug fallen oder von ihm erfasst werden, landet man nur bei der Hälfte der Gesamtzahl an Toten auf indischen Gleisen – bei dem Rest bleibt die Unfallursache »unbekannt«.

FAZIT: Gibt es einen besseren Weg, Land und Leute kennenzulernen, als mit einer Zugfahrt? Ja. Wer dennoch eine unternehmen möchte, kann in Indien vergleichsweise komfortabel reisen, wenn er auf den Fernstrecken unterwegs ist. Für die voll authentische Erfahrung sei allerdings das Nahverkehrsnetz in Mumbai empfohlen, idealerweise zur allmorgendlichen Rushhour. Einen Sitzplatz sollte man nicht erwarten, es sei denn, man ist als Erster auf dem Dach des Zuges. Wahrscheinlicher ist es, dass man als Trittbrettfahrer in einem prekären 30-Grad-Winkel an der Außenseite des Zuges hängen darf, während er durch die Landschaft rüttelt. Hier sind also nicht nur interkulturelle Kompetenzen gefordert, sondern auch nackte Armkraft.

▲ Der letzte Funken Licht, bevor die ewige Finsternis des Challengertiefs die neugierigen Expeditionsteilnehmer verschluckt.

DRUCK

MARIANENGRABEN, PAZIFIK

KOSTEN **GEFAHR** **SPEKTAKEL**

Mitten im Pazifik – rund 2.000 Kilometer östlich der Philippinen, rund 2.000 Kilometer südlich von Japan – liegt der tiefste Punkt des Meeres. Das Challengertief, ein schmales Tal inmitten des Marianengrabens, erreicht hier eine Tiefe von rund elf Kilometern.

Eine Expedition in derartige Tiefen ist dermaßen aufwendig, dass sie bisher erst wenigen Menschen überhaupt gelungen ist. 1960 waren Don Walsh und Jacques Piccard die Ersten, die den Boden des Marianengrabens erreichten. Dazu zwängten sie sich zu zweit in eine Kugel aus 13 Zentimeter dickem Stahl und verbrachten fast fünf Stunden damit, langsam in die Finsternis hinab zu sinken.

Die Hauptgefahr dabei war – und ist – nicht unähnlich derjenigen, der Astronauten ausgesetzt sind: Ein noch so kleines Loch in der Hülle der Druckkabine schafft Probleme, die nicht mehr zu lösen sind. Während auf der Meeresoberfläche ein Druck von rund einem Bar herrscht, sind es in derartigen Tiefen mehr als tausendmal so viel. Das ist dermaßen viel Gewicht, dass selbst Wasser – von dem man in der Schule gelernt hat, dass es sich als Flüssigkeit nicht komprimieren lässt – gleich 5 Prozent seines Volumens einbüßt. Allenfalls der zentimeterdicke Stahl bietet Schutz, auch wenn die Kugel selbst zusammenschrumpft. Zugleich muss die Versorgung mit Sauerstoff und die Entsorgung von Kohlenstoffdioxid sichergestellt sein. Und nicht vergessen: Lieber vorher noch einmal auf Toilette gehen.

Interessanterweise zählt Filmdirektor James Cameron zu dem höchst elitären Kreis an Leuten, die den Weg in den Marianengraben gefunden haben. Seiner Begeisterung zum Trotz hielt er nüchtern fest: »Es sah aus wie auf dem Mond.« Das Beeindruckendste sei das Gefühl der vollkommenen Isolation. Umso erstaunlicher ist, dass auch bei Ausflügen in die Tiefsee immer wieder neue Spezies in vermeintlich völlig lebensfeindlicher Umgebung entdeckt werden.

Nicht minder beeindruckend ist die Liste von Dingen, die bei solch einer Expedition schiefgehen können. Der massive Druck, der auf dem Tauchboot lastet, ist nämlich nur der offensichtliche Risikofaktor. Darüber hinaus kann das Gefährt am Fels oder am Grund steckenbleiben, ohne sich wieder befreien zu können. Die Manövrierfähigkeit kann verloren gehen. Und *last but not least*: Niemand weiß, was sich in den Tiefen alles aufhält. Wer kann schon sagen, was ein aggressiver Pottwal oder ein schlecht gelaunter Riesenoktopus mit einem Tauchboot alles anstellen können?

FAZIT: Bislang ist Malaysia Airlines die einzige Fluggesellschaft, die die Tiefsee direkt anfliegt. Unter normalen Bedingungen sind Tauchfahrten in die extreme Tiefe jedoch nur eine Option für diejenigen, die alljährlich von ihrer Kreditkartenfirma einen kleineren Sportwagen als Dankeschön zugesendet bekommen. Sich Plätze einzukaufen, ist fast ein Ding der Unmöglichkeit. Wenn es aber gelingt, kann man Orte erforschen, die zuvor noch kein anderer Mensch jemals auch nur gesehen hat. Und: Falls es etwas schiefgeht, ist es vorbei, bevor man es auch nur bemerkt.

SELBSTMORD DURCH ZWEI SCHÜSSE IN DEN HINTERKOPF AREA 51, NEVADA, USA

KOSTEN **GEFAHR** **SPEKTAKEL**

Es gibt wohl keinen Ort auf der Welt, der sagenumwobener ist, als die berühmt-berüchtigte Area 51 des US-amerikanischen Militärs. Erst [redacted] wurde ihre Existenz offiziell bestätigt – bis zu diesem Zeitpunkt war völlig unklar ob diese [redacted] überhaupt existiert und wenn ja, wozu. Heute ist zumindest noch völlig unklar, wozu.

Natürlich bildet eine geheime [redacted] den idealen Nährboden für einen Berg an Verschwörungstheorien. Sie liegt mitten im [redacted], am Rande eines ausgetrockneten Salzsees – dort, wo man sich selten hinverirrt. Mitarbeiter werden auf Flügen der »geheimen« Fluglinie [redacted] aus dem nahegelegenen [redacted] eingeflogen, ohne in Kontakt mit [redacted] zu kommen. Und angeblich weiß nicht mal der [redacted] selbst, woran hier [redacted] wird.

Für den Aluhutträger von Welt ist klar, dass es um [redacted]s gehen muss. Jahrzehnte von geheimen Militäroperationen vom Flugfeld der Area 51, [redacted], ungezählte Sichtungen von [redacted]s – das kann nicht mit rechten Dingen zugehen. Und ganz falsch ist diese Vermutung nicht, denn in der Tat ist Area 51 vor allem als Testgelände für streng geheime [redacted] bekannt, allen voran experimentelle [redacted] und [redacted]. (Unter anderem wurden hier die bekannten [redacted] getestet.) Für den Außenstehenden sind sie natürlich unidentifizierbare Flugobjekte, die je nach Stand der Technik kaum von Magie zu unterscheiden sind. Ob sie etwas mit Außerirdischen zu tun haben, steht freilich auf einem anderen Blatt.

Belebt werden etwaige Verschwörungstheorien von vermeintlichen Augenzeugenberichten. So erfreute sich die Netzgemeinde 2014 über das Video eines kürzlich verstorbenen [redacted]-Ingenieurs, der in der Area 51 tätig gewesen war und prompt der Weltöffentlichkeit die Existenz von [redacted] bestätigte. Zum Beweis hielt er auch gleich ein paar verblasste Fotos [redacted] vom Planeten [redacted] in die Linse. Mit ihnen gemeinsam entwickele man hochmoderne [redacted], die allerdings auch so gefährlich seien, dass bereits [redacted] in Area 51 ihr Leben ließen.

Vielleicht stimmen seine Aussagen ja? Vielleicht – und dieses vielleicht ist deutlich lauter – hat ihm aber nur die Alterssenilität einen Streich gespielt. In jedem Falle hat sich an dem Status von Area 51 in den letzten Jahrzehnten nicht viel geändert, nach wie vor weiß [redacted], was hier genau vorgeht. Allenfalls ist es für die Zivilbevölkerung leichter, es zu [redacted]. Wie geheim kann eine Militärbasis sein, die man mit [redacted] vom heimischen Schreibtisch aus in gestochen scharfer Detailtreue aus dem Weltraum beobachten kann? Andererseits: Obwohl sich die Militärbasis und die nahe gelegene Kleinstadt Rachel zu einem Touristenmagnet entwickelt haben, lassen die [redacted] keinen Zweifel daran, dass, was auch immer in der [redacted] geheim ist, auch geheim bleiben wird. Rund um das Gelände finden sich Warnschilder, dass der Zutritt verboten ist, versehen mit dem hilfreichen Hinweis *»Use of deadly force authorized«*.

FAZIT: Von einigen der Berge rund um die Air Base hat man einen wundervollen Blick über die Wüste und kann vielleicht auch ein [redacted] aus der Ferne beobachten. Außerdem ist das Ganze nur [redacted] von Las Vegas entfernt – und wer sich in das gesperrte Areal begibt, kann immerhin auch so eine Art Roulette spielen, bei dem die Bank immer gewinnt.

Vermutlich wird man dabei nicht sonderlich weit kommen, bevor die Symptome akuter

Bleivergiftung zum [redacted] führen. Aber falls doch, kann man sich zu dem äußerst erlesenen Kreis der Menschheit zählen, die mit eigenen Augen gesehen haben, was sich in den [redacted] von Area 51 wirklich abspielt. [redacted] mit telepathischen Fähigkeiten wären natürlich [redacted], wahrscheinlicher sind allerdings schnöde [redacted].

▾ Falls jemand einen sachdienlichen Hinweis hat, wo unser Fotograf abgeblieben ist, wäre der Verlag dankbar.

SCHWEFELGASE

IZU-INSELN, JAPAN

KOSTEN | GEFAHR | SPEKTAKEL

Japan ist in einer bedauerlichen Lage. Zumindest vom geologischen Standpunkt aus. Direkt südlich von Tokio treffen gleich drei Kontinentalplatten aufeinander, die mit beunruhigender Regelmäßigkeit schwere Erdbeben verursachen. 1923, beim letzten großen Schock, wurde die Hauptstadt dem Boden gleichgemacht.

Das Epizentrum derartiger Beben liegt unter einer Kette von Inseln – den Izu-Inseln –, unweit der japanischen Hauptstadt. Einige von ihnen sind bewohnt, aber bei keiner von ihnen ist das merkwürdiger als bei Miyake-jima, einer kleinen Vulkaninsel, die man in einer guten Stunde umrunden kann. Zwar ist das Eiland seit Jahrhunderten bewohnt, doch nahm die vulkanische Aktivität im Jahr 2000 dermaßen zu, dass alle Einwohner evakuiert werden mussten. Nach gut vier Jahren stabilisierte sich die Lage, und ein mutiger Teil der Einwohner konnte zurückkehren. Sie wurden bereits vor ihrer Heimkehr darauf hingewiesen, sie sollten von nun an »kein freies und normales Leben« mehr erwarten.

OB BEI HOCHZEIT ODER BEERDIGUNG – DIE GASMASKE IST IMMER GRIFFBEREIT.

Bewusst sei im Zusammenhang mit der Aktivität das Wort »stabilisieren« verwendet, nicht »beruhigen«: Der Vulkan stößt kontinuierlich große Mengen an Schwefelgasen, allen voran Schwefeldioxid, aus. Dieses Gas, so beschreibt es die Literatur, hat einen stechenden, irritierenden Geruch und verursacht Atemnot, Frühgeburten und »vorzeitiges Ableben«. Die Luftgüte muss folglich rund um die Uhr überwacht werden – und die Einwohner müssen eine Gasmaske mit sich führen, ebenfalls rund um die Uhr. Nimmt die Giftgaskonzentration bedrohliche Werte an, werden sie mit einer Sirene diskret aus ihrer Arbeit oder dem Schlaf gerissen und daran erinnert, dass sie jetzt zügig ihre lebensrettende Maske aufsetzen mögen. Wer sich auf den Weg nach Miyake-jima macht, sollte ergo eine Gasmaske im Handgepäck haben.

Und warum sollte es einen überhaupt dorthin ziehen? Wenn man davon absieht, dass es gelegentlich zugeht wie einem postapokalyptischen Film, bietet die Insel (für japanische Verhältnisse) Abgeschiedenheit, spektakuläre Landschaften und hervorragende Bedingungen zum Tauchen sowie Beobachten von Delfinen.

Die Einwohner haben sich derweil mit der Situation arrangiert; sie leben auf der windabgewandten Seite des Vulkans und halten einen gepflegten Abstand zum Krater. Für ihre Unannehmlichkeiten erhalten sie übrigens ein kleines Entgelt, denn die Wissenschaft kann an ihnen die Langzeitwirkungen von Schwefelemissionen testen.

FAZIT: Solange man nicht zur falschen Zeit am falschen Ort spaziert, ist das Risiko auf Miyake-jima gering. Falls doch, wird es jedoch schnell unangenehm – siehe obigen Hinweis zum verfrühten Ableben.

Dankbar sind die Izu-Inseln, weil sie so leicht zu erreichen sind. Mit einer nächtlichen Fähre kann man Miyake-jima von Tokio ebenso gut erreichen wie mit den teureren Optionen, Flugzeug oder Helikopter.

▸ So bequem kann die Anreise sein: in der Bildmitte der Krater, am östlichen Rande der Insel der Flughafen.

ANGST

MCKAMEY MANOR, USA

KOSTEN €€€ | **GEFAHR** 1/5 | **SPEKTAKEL** 4/5

Die meisten Menschen dürften aus ihrer Kindheit noch mit der guten alten Geisterbahn vom Rummelplatz vertraut sein. Ebenso mit der Erkenntnis, dass der ungewaschene Schausteller, der auf der Kirmes Fahrkarten verkauft, zumeist wesentlich furchteinflößender ist, als die mit Blitzlicht beleuchteten Bettlaken und Spinnweben, die einen im Inneren des Etablissements erwarten.

Dank gebührt daher den Innovatoren aus den USA, die sich der Aufklärung einer steinalten Frage verschrieben haben: Kann man eigentlich vor Angst sterben? Wer zur Klärung der Antwort seinen wissenschaftlichen Beitrag leisten möchte, ist im McKamey Manor in Huntsville/Alabama oder Nashville/Tennessee herzlich dazu eingeladen.

DIE SPINNEN, DIE AMERIKANER: WER WISSEN WILL, WIE ES IST, UMGEBRACHT ZU WERDEN, IST HIER BESTENS AUFGEHOBEN.

Um es gleich klarzustellen: Dem Anwesen geht es nicht darum, seine Gäste bloß zu »erschrecken«. Hier bietet man ihnen stattdessen die Möglichkeit, ihren ganz eigenen »Saw«-Film zu durchleben. Meistens allein, maximal zu zweit kann man sich für seinen auf die persönlichen Urängste zugeschnittenen Albtraum anmelden. Kurioserweise stehen mehrere Tausend Menschen auf der Warteliste für diese ungewöhnliche Erfahrung, die Sparfüchse in anderen Nationen der Welt (Irak, Nordkorea) gratis bekommen dürfen.

Und was erwartet einen im Haus? Verschiedene Erfahrungsberichte und Videos sind frei verfügbar, und sie alle zeigen blutüberströmte, panisch kreischende Menschen. Mal sind sie festgekettet, werden angeschrien und vielleicht auch ein kleines bisschen klassisch gefoltert; mal werden sie in einen Sarg oder in einen Kühlschrank gesperrt; andere dürfen nähere Bekanntschaft mit Spinnen, Schlangen oder einer Kloschüssel machen, die ausschaut, als käme sie frisch aus ihrer Paraderolle in »Trainspotting«. Während dieses lauschigen Unterhaltungsprogrammes sind es aber nicht nur das eigene Gekreische, das für musikalische Untermalung sorgt, sondern auch die Schreie der Schauspieler, die in die Rolle des zeitgenössischen Folterknechts schlüpfen. Anders als für die Fahrt in der Geisterbahn werden für die verschiedenen Programme im McKamey Manor gleich mehrere Stunden veranschlagt.

Um auf Nummer sicher zu gehen – immerhin bewegen wir uns in den USA – muss jeder Teilnehmer vorher seine Volljährigkeit belegen, seine körperliche und medizinische Unversehrtheit von einem Arzt prüfen lassen, einen speziellen Aufnahmetest bestehen und dann, *just for fun*, noch eine vierzigseitige Verzichtsklausel unterzeichnen, die die Attraktion von jeglicher Haftung für etwaige körperliche oder geistige Schäden freispricht.

Wie man sich denken kann, zieht ein solches Etablissement die Legendenbildung nur so an. Offiziell gab es noch keine Verletzten (kleinere Wunden zählen nicht), und nur die wenigsten, die die Tortur beginnen, halten sie auch bis zum geplanten Ende durch. Wer also die Einstiegsfrage beantworten möchte, ob man vor Angst sterben kann, tut gut daran, sein Sicherheitswort möglichst zügig zu vergessen.

FAZIT: Klassischer Fall von »Was einen nicht umbringt, macht einen härter«. Und warum sollte der hochqualifizierte Schausteller auch mit seiner Kettensäge abrutschen? Vielleicht ist die Attraktion nicht lebensgefährlich, aber ein bisschen Budget sollte man für nachträgliche Besuche beim Therapeuten schon beiseitelegen. Die Betreiber des Horrorhauses sind so überzeugt von sich, dass sie denen, die alle feilgebotenen Torturen durchstehen, ein sattes Preisgeld von 20.000 Dollar in Aussicht stellen.

Die Anreise ist simpel – immerhin befinden wir uns im Herzen der USA. Empfohlen wird übrigens das Haus in Alabama: Sollte der Horror dort nicht ausreichend gewesen sein, kann man im Anschluss mit wenigen Schlüsselsätzen (»Hillary wäre die bessere Präsidentin gewesen« oder »NASCAR ist doch schwul«) die Grenzen der südstaatlichen Gastfreundschaft ausloten und erleben, wie sich eine echte Menschenjagd anfühlt, und das, ohne das Portemonnaie unnötig zu strapazieren!

▾ »Das Sicherheitswort ist ›Banane‹.«: Die letzten Worte, bevor man Ihnen einen Knebel verpasst.

PLUTONIUM

MURUROA-ATOLL, FRANZÖSISCH-POLYNESIEN

KOSTEN **GEFAHR** **SPEKTAKEL**

Gerne erinnern wir uns an Frankreichs Bestreben, auch im 21. Jahrhundert als Weltstaat wahrgenommen zu werden. Man ist als einzige Nation der Welt noch auf allen Kontinenten vertreten – und sei es durch eine ehemalige Kolonie auf einem gottverlassenen Eiland im Nirgendwo. Und man weigert sich, Fremdsprachen zu lernen, und ergeht sich stattdessen in der Wahnvorstellung, Französisch sei eine Weltsprache, die es zu beherrschen gelte.

Trauriges Highlight war jedoch (bislang!) die Nuklearpolitik des ehemaligen Präsidenten Jacques Chirac in den Neunzigerjahren. Kurz nach dem Kalten Krieg, in den Jahren also, in denen eine globale Abrüstung nicht nur gewollt, sondern auch greifbar schien, entschied sich Chirac für die Fortführung der alternativen Nutzung einiger der hübschen Atolle in den türkisenen Wassern des nahezu unberührten Pazifiks. Um die militärischen Fähigkeiten der französischen Streitkräfte zu demonstrieren, ließ der damalige Präsident das Mururoa-Atoll als Testgebiet für Nuklearsprengköpfe wiedereröffnen. Zwischen 1966 und 1996 wurden hier in Summe fast zweihundert Atomwaffen getestet, zuletzt begleitet von massiven Protesten. Damit die nervigen Hippies von Greenpeace nicht immer dazwischenfunken, mussten die hilflosen Franzosen 1985 gleich eines von deren blöden Booten in die Luft sprengen, als es in Neuseeland provozierend im Hafen lag.

NIEMAND HÄTTE ETWAS DAGEGEN GESAGT, WENN SICH DIE FRANZOSEN SELBST IN DIE LUFT GESPRENGT HÄTTEN. ABER EIN UNSCHULDIGES ATOLL IN DER SÜDSEE?

GEBRACHT HABEN DIE ATOMTESTS NICHTS, AUSSER DIE GEGEND GROSSZÜGIG MIT PLUTONIUM ANZUREICHERN.

Wie zu erwarten ist, wenn man mit radioaktiven Materialien um sich wirft, kann dies gesundheitliche Gefahren mit sich bringen. Im Falle von Mururoa kann man von Glück reden, dass der Südpazifik kaum besiedelt ist – und dennoch sind die Raten einiger Krankheiten auf nahen Inseln, allen voran Schilddrüsenkrebs, als Folge der Tests angestiegen. Ein Opfer, das die Einheimischen für ein starkes Frankreich sicher zu geben bereit gewesen sind.

Jüngere Messungen legen nahe, dass von Mururoa keine gefährdenden Mengen an radioaktiver Strahlung mehr ausgehen. Allerdings kann von einer Entwarnung noch keine Regel sein: Allen voran sprechen die maximalgiftigen Rückstände von Plutonium, welches auch in kleinsten Mengen ganz unabhängig von der Radioaktivität großen gesundheitlichen Schaden anrichtet, gegen einen längeren Urlaub auf dem Atoll.

FAZIT: Die Anreise nach Mururoa ist denkbar aufwendig, es liegt nicht nur im geografischen Sinne am anderen Ende der Welt. Viel zu sehen gibt es dort auch nicht, so dass Bora Bora vielleicht doch die entspanntere Wahl ist.

Wer aber ein wirklich einsames, wirklich abgelegenes Ziel sucht, ist hier goldrichtig. Die Reise nach Papeete ist lang, aber einfach. Bei Bedarf gibt es auch Direktflüge von der Hauptstadt nach Mururoa; ansonsten sind Tureia oder Mangareva die nächsten Ausgangspunkte für einen schönen Segeltörn durch den Pazifik. Und wer kann schon von sich behaupten, mit Plutonium am Strand gespielt zu haben? Niemand, denn es ist – wie gesagt – höchst giftig.

▾ Französisch-Polynesien erstreckt sich auf eine Fläche, die so groß ist wie Westeuropa. Am Rande liegt das berühmte Mururoa-Atoll.

TIGER

SUNDARBANS-NATIONALPARK, INDIEN

KOSTEN **GEFAHR** **SPEKTAKEL**

Oft heißt es, das Nilpferd sei das für den Menschen gefährlichste Tier. Wer einmal ansehen durfte, wie ein derartiger Koloss sich in der Wildnis verhält, kann dieser Aussage leicht Glauben schenken. Allein: Die Datenlage ist unzureichend, um die Vermutung zu verifizieren. Anders bei Tigern.

Tiger sind nicht nur die größten und damit stärksten Wildkatzen, sondern gelten auch als vergleichsweise aggressiv. So sollte man es tunlichst unterlassen, bei einem Streifzug durch den Dschungel einen schlafenden Tiger zu wecken oder zu erschrecken – insbesondere dann, wenn sich Jungtiere in der Nähe aufhalten.

Wenig überraschend sind die Angriffe auf Menschen dort besonders häufig, wo sich Lebensräume überschneiden. Dennoch erstaunt die Zahl derjenigen, die zum Katzenfutter wurden: Seit halbwegs verlässliche Aufzeichnungen existieren (um 1800), sind fast 400.000 Menschen am Tiger verendet, umgerechnet eine Handvoll pro Tag.

In den letzten Jahrzehnten sind die Fallzahlen zurückgegangen, wozu die Forschung und Aufklärung einen wesentlichen Beitrag geleistet haben. Ironischerweise ist die Gefahr nun dort am größten, wo die Tiger sich unter strengem Naturschutz ungestört entwickeln können. Dazu zählt auch der »schöne Wald«, die Sundarbans, an der Grenze zwischen Indien und Bangladesch. Es ist der größte intakte Mangrovenwald des Planeten und wird als Naturwunder gefeiert.

Die Gelehrten streiten sich noch, was Tiger dazu bewegt, Menschen anzugreifen. Dass die Verteidigung des Reviers ein häufiges Motiv ist, scheint gesetzt. Doch gibt es immer wieder Fälle von Menschenfressern, die – einmal auf den Geschmack gekommen – ihren inneren Hannibal ausleben. Glaubwürdige Berichte aus dem Vietnamkrieg legen nahe, dass einige Tiger an auf dem Schlachtfeld verwesenden Leichen genascht haben und fortan auf Menschenjagd gegangen sind. (Gerüchten zufolge soll es ja auch in Indien vorkommen, dass die eine oder andere Leiche unbeaufsichtigt flussabwärts strömt.) Andere Forscher sind überzeugt, dass Menschenfleisch den Großkatzen eigentlich gar nicht mundet, aber für verletzte Tiere – beispielsweise mit schwachem Gebiss – eine Alternative darstellt, da die Beute so leicht zu jagen ist. Wer einmal

▾ Eines der schönsten Tiere ist auch eines der gefährlichsten: Hunderttausende Menschen wurden bereits vom Tiger vernascht.

an der Menschenjagd teilgenommen hat, weiß dem beizupflichten.

Damit sind wir auch beim Stichwort: der Jagd. Der Tiger an sich schleicht sich von hinten an und greift nur an, wenn er sich sicher sein kann, unentdeckt zu sein. Er bevorzugt dabei Opfer, die allein unterwegs sind; Gruppen von Menschen stoßen ihn eher ab. Außerdem sagt man ihm einen siebten Sinn dafür nach, ob seine Opfer bewaffnet sind oder zumindest ernsthaften Widerstand leisten können.

Diesen Verhaltensweisen sei Dank, entwickeln sich manche der Menschenfresser zu formidablen wie furchtlosen Jägern. Der bisherige Rekord wird vom »Champawat Tiger« gehalten, einer Tigerin, die rund um die Jahrhundertwende gleich 438 Menschen zwischen Nordindien und Nepal ins Jenseits beförderte, bevor sie 1907 erschossen wurde.

FAZIT: Wer eine Reise zu einem Weltkulturerbe mit der Chance auf einen Siegfried-&-Roy-Gedächtnis-Moment kombinieren möchte, ist in den Sundurbans goldrichtig. Hier ist eine der größten Tigerpopulationen der Welt daheim – und sie gilt als vergleichsweise aggressiv. Weshalb, ist noch unergründet, und wer möchte, kann seinen Teil zur Forschung beitragen, indem er sich – natürlich allein – in ein kleines Bötchen setzt und pfeifend durch die Mangroven rudert.

Durch diverse Präventionsmaßnahmen wähnte man das Risiko in den Sundurbans schon als »gering«, doch die Natur machte auch dieser Hoffnung einen Strich durch die Rechnung: Ein schwerer Zyklon zerstörte Teile des Parks und trieb hungrige Tiger zum Menschen … Kostenloser Bonus: Hier sind auch Salzwasserkrokodile daheim.

Prinzipiell ist es wurscht, ob man über Bangladesch oder Indien anreist – der Schmerz, wenn spontan das Rückgrat im Nacken durchbissen wird, ist in beiden Fällen identisch. Am einfachsten ist jedoch der Trip mit Ausgangspunkt Kalkutta: Von dort geht es mit dem Zug nach Canning und weiter mit dem Bus zum Hafen von Godkhali.

▼ Eine gespenstische Stille wie diese wird durchbrochen von einem letzten Schrei, bevor der Tiger sein Frühstück in den Nebel davonschleppt.

WINDCHILL

MOUNT WASHINGTON, USA

KOSTEN €€€ **GEFAHR** 3/5 **SPEKTAKEL** 4/5

Mit 1.916 Metern Höhe über dem Meeresspiegel ist Mount Washington zwar der höchste Berg im Nordosten der USA, aber ein Fliegengewicht im internationalen Vergleich. Selbst die Zugspitze ist über einen Kilometer höher. Und dennoch zählt Mount Washington, etwa auf halber Strecke zwischen Boston und Montreal gelegen, zu den extremsten Orten der Welt.

Die Hauptursache dafür liegt in dem außergewöhnlichen Klima, das über der Presidential Range – einer Reihe von Bergen, die nach amerikanischen Staatsoberhäuptern benannt wurden – herrscht. Wenn auch nicht hundertprozentig korrekt, warb man eine Zeit lang sogar mit dem »schlechtesten Wetter der Welt«. Grund dafür ist, dass an dieser Stelle der USA häufig verschiedene Sturmsysteme aufeinandertreffen, die in der von Norden nach Süden verlaufenden Bergkette ihr erstes ernst zu nehmendes Hindernis finden. Am Gipfel des Mount Washington treffen dann arktische Temperaturen, extreme Winde und raue Mengen an Niederschlag zusammen.

All das ist bei strahlendem Sonnenschein kaum vorstellbar. Der Berg ist ein beliebtes Ausflugsziel; selbst eine Zahnradbahn führt auf seinen Gipfel, von wo aus sich eine spektakuläre Aussicht über den US-amerikanischen Nordwesten bietet.

Allerdings ist das Wetter notorisch instabil. Auf dem Mount Everest, dem höchsten Berg der Welt, ließen in einem Jahrhundert rund 200 Menschen ihr Leben. Am Mount Washington allein waren es 150. Zwar ist die absolute Zahl der Besucher auch deutlich höher, doch verdeutlicht der Wert, wie viele Menschen Mt. Washington auch heute noch gefährlich unterschätzen.

In puncto Temperaturen tut sich nämlich nicht viel zwischen beiden Orten. 42 Grad unter null wurden am Mount Washington schon gemessen; da zugleich ein Sturm wütete, lag die gefühlte Temperatur bei minus 75 Grad. Jahrzehntelang hielt die Wetterstation auch den Weltrekord für die höchsten je gemessenen Windgeschwindigkeiten: Am 12. April 1934 maß man Böen mit 372 Kilometern pro Stunde – das sind noch einmal 100 Kilometer pro Stunde mehr als das, was Rekord-Orkan Lothar in Deutschland schaffte. Auf der Beaufort-Skala entspricht dies rund 23 von 12 möglichen Punkten. Schlägt also das Wetter am Mount Washington um, muss man als Wanderer exzellent vorbereitet sein und schnellstmöglich die Flucht ergreifen. Ansonsten drohen Erfrierungen und – auch das ist vom Mount Everest bekannt – Alpinisten werden schlicht vom Berg geweht.

FAZIT: Mount Washington ist ein Ziel für die ganze Familie – und das nur gute drei Autostunden nördlich von Boston. Wer es bequem mag, fährt mit der historischen Zahnradbahn auf den Gipfel herauf und hat auf dem Weg wenig zu befürchten. Und wenn doch etwas schiefgeht – wenigstens verspricht ein Abgang im Weltrekordsturm Adrenalin pur.

Wer glaubt, zukünftig mit weniger als zehn Fingern und Zehen auszukommen, dem sei eine spontane Besteigung des Berges empfohlen. Die wichtigsten Tipps dazu: Am besten am späten Nachmittag aufbrechen. Nicht vom Wetterbericht verunsichern lassen. Crocs oder Flipflops sind wesentlich leichter und damit angenehmer als feste Wanderschuhe.

▾ *»A beautiful sight, we're happy tonight, dying in a winter wonder land.«* Wer mal wirklich chillen will, ist hier an der richtigen Adresse.

FEHLENDE SCHWIMMWESTE

VICTORIASEE, UGANDA

KOSTEN €€€ **GEFAHR** 2 **SPEKTAKEL** 2

Der Victoriasee im Herzen Afrikas gilt als der zweitgrößte Süßwassersee der Erde. Mit einer Oberfläche von fast 70.000 Quadratkilometern ist das Gewässer in etwa so groß wie Irland. Mit einer durchschnittlichen Tiefe von 40 Metern ist es zudem eines der wichtigsten Süßwasserreservoirs des gesamten Kontinents.

Der See ist umgeben von drei Nationen: Tansania, Kenia und Uganda. Und wenn man an seinem Ufer steht und die afrikanische Wildnis bestaunt, die in dem Gewässer Nahrung und Abkühlung sucht, ist es kaum vorstellbar, dass der Victoriasee als das bedrohlichste Gewässer der Welt gilt. Auf den Quadratkilometer gerechnet lassen jedoch nirgendwo sonst dermaßen viele Menschen ihr Leben; pro Jahr sind es rund 5.000 Leute, die im See verschwinden.

Das liegt daran, dass dieser See – wie viele andere auch – trügerisch unterschätzt wird; genau wie etwa bei den Großen Seen Nordamerikas

können Stürme Ausmaße annehmen, die denen auf dem offenen Meer in nichts nachstehen. Am Victoriasee sind derartige Unwetter besonders tückisch, denn das relativ warme Gewässer – direkt auf dem Äquator gelegen – schafft sich ein eigenes Mikroklima, in dem die Wetterlage in wenigen Augenblicken umschlagen kann.

Zwar ist der See Lebensgrundlage von Tausenden Fischern, doch die Transport- und Fischerboote sind weder Sturm noch Wellengang gewachsen. Werden sie von einem heftigen Gewitter überrascht, drohen sie zu kentern oder schlicht zu zerbrechen. Für eine Rettungsweste ist zumeist kein Geld übrig, mal ganz davon abgesehen, dass das rettende Ufer auch über hundert Kilometer entfernt sein kann.

Doch selbst ohne schlechtes Wetter ist absolute Vorsicht geboten. In einigen Bereichen des Sees, *»black spots«* getauft, lauern Untiefen aus scharfen Gesteinen, die überfahrende Nussschalen einfach aufschlitzen.

Als kleiner Bonus ist der See natürlich noch Heimat zahlreicher Wildtiere, die dem Menschen nur bedingt wohlgesonnen sind. Dazu zählen die Nilpferde und Nilkrokodile, beides Spezies, die einer schnöden Bootsfahrt ein wenig Action beisteuern können.

FAZIT: Der Victoriasee lässt sich perfekt mit einem Besuch der Serengeti verbinden. Seinen Weg hierherzufinden ist nicht schwierig – immerhin ist der See, wie beschrieben, so groß wie manches europäisches Land. Für den Besuch wählt man am besten dasjenige der drei Länder aus, in dem die tagesaktuelle Presse von »Killerkrodilen« oder »aggressiven Hippos« berichtet. Wer es eilig hat, kann aber direkt die ugandischen Großstädte Kampala oder Entebbe ansteuern, die nahe am See liegen.

▾ Das Boot ist kurz davor zu zerbrechen, in fünf Minuten bricht ein Unwetter los, im Hintergrund lauert ein Nilpferd, und zu allem Unglück hat der gute Mann auch noch seine Schwimmweste vergessen.

NEUROTOXIN

FUGU-SUSHI, JAPAN

KOSTEN **GEFAHR** **SPEKTAKEL**

Sushi-Läden schießen in Europa wie Pilze aus dem Boden. Wer den Geschmack des rohen Fisches schätzt, aber zugleich Wert auf einen Nervenkitzel legt, hat daher zwei Möglichkeiten:

Option A:
Konsum des sonnenverwöhnten, aber preisreduzierten Sushis vom Vortag;
Option B:
Reise nach Japan und Genuss des Fugu-Sushis.

Für alle, die mit einer einfachen Lebensmittelvergiftung nicht zufriedenzustellen sind, ist Option B die reizvollere Variante. Fugu, eine Spezies von Kugelfisch, gilt als eine Delikatesse im Fernen Osten, und zwar obwohl / weil sie potenziell giftig ist.

Verschiedene Bakterien, die in und auf dem Kugelfisch leben, produzieren ein äußerst potentes Neurotoxin, Tetrodotoxin, dessen Wirkung mit Nervengiften wie Sarin verglichen wird. Bei Konsum kleinster Mengen setzen bereits Symptome wie Schwindel, Übelkeit, Erschöpfung und Kopfschmerzen ein. Bald darauf verliert der Gourmet die Kontrolle über seine Muskeln und kann daher auch nicht weiter atmen; bemerkenswerterweise hat das Gift jedoch keinen Effekt auf das Bewusstsein, so dass man sich zwar weder rühren noch zur Gesamtsituation äußern kann, sie aber wohl in aller Klarheit durchlebt.

WIE RUSSISCH ROULETTE, NUR MIT KUGELFISCH STATT KUGEL

Aus diesem Grund müssen Köche, in deren Restaurants Fugu serviert wird, einen eigenen »Führerschein« erwerben, der ihre Fähigkeit belegt, die giftigsten Bestandteile des Fisches – wie Leber und Eierstöcke – herauszulösen, ohne das umliegende Fleisch zu kontaminieren. Mit Erfolg: In der japanischen Gastronomie kommt es heute kaum mehr zu Zwischenfällen, zumindest nicht aus Versehen.

Anders sieht es freilich in den privaten Haushalten aus, wo es immer noch regelmäßig zu Vergiftungen kommt, auch wenn die Fallzahl von einst 200 Opfern pro Jahr deutlich zurückgegangen ist. Wohlgemerkt in Japan. In anderen Nationen Südostasiens nimmt man es mit Verkauf und Zubereitung nicht immer so genau. Wer also den Nervenkitzel mehr schätzt als den Geschmack, kann sein Glück auf den Philippinen versuchen.

FAZIT: Japan ist immer eine Reise wert, allein schon aus kulinarischen Gesichtspunkten. Und im Gegensatz zu den meisten Destinationen in diesem Buch ist die Anreise nicht nur unkompliziert, sondern sogar angenehm: Von Fluglinien über Züge bis hin zu den Bussen, Japans Verkehrsnetz ist dicht, perfekt organisiert, pünktlich, zuverlässig und komfortabel. Hier gilt es noch als Schande, wenn der Zug eine Minute zu spät fährt.

Ebenso erstklassig wie das Verkehrssystem ist in Japan auch die Gesundheitsversorgung, sollte es beim Genuss des Kugelfisches zu Atemproblemen kommen. Es existiert zwar kein Gegengift, aber mit ein bisschen Glück kann man Sie künstlich am Leben erhalten, bis die Wirkung des Nervengifts sich verflüchtigt.

▸ *Smells fishy:* Ein Besuch auf dem Fischmarkt gehört für den erfahrenen Japan-Reisenden dazu, ebenso wie das Ableben nach Konsum vergifteten Sushis.

18000-
淡路3年
15000-

▲ Wie die blaue Lagune in Island, nur eben rot und leider auch giftig: der Natronsee in all seiner Pracht.

LAUGE

NATRONSEE, TANSANIA

KOSTEN €€€ (3 von 5) **GEFAHR** (1 von 5) **SPEKTAKEL** (3 von 5)

Einen vulkanischen Kratersee, der so säurehaltig ist, dass er unter Verschluss in ein Labor gehört, hatten wir bereits (siehe »Säure«, S. 32 f.). Aber: Es geht auch umgekehrt. Der Natronsee an der Grenze zwischen Tansania und Kenia zählt zu den alkalischsten Gewässern der Welt.

Der See ist fast sechzig Kilometer lang und bis zu 22 Kilometer breit – allerdings im Schnitt nur drei Meter tief. Da er keinen natürlichen Ablauf besitzt, sinkt und steigt der Pegel mit den Regenfällen und Jahreszeiten. Seinen extremen pH-Wert (bis zu über 12), seinen hohen Salzgehalt und seine teils rötliche Färbung verdankt der Natronsee der Aktivität eines einzigartigen Vulkans. Die Lava des Ol Doinyo Lengai hat eine seltene chemische Zusammensetzung, die Eruptionen mit vergleichsweise »kalter« – aber immer noch rund 500 Grad Celsius heißer – Lava erlauben, die nicht rot glüht, sondern schwarz schimmert. Der hohe Karbonatgehalt aus dieser Lava wird herausgewaschen und sammelt sich dann im Natronsee. Der wiederum wird das ganze Jahr lang von der Sonne verwöhnt und erreicht Temperaturen von bis zu sechzig Grad – das Wasser verdampft folglich in hoher Geschwindigkeit und lässt eine immer lebensfeindlichere Brühe zurück, die allenfalls für spezielle Bakterien, Krebse und Flamingos reizvoll bleibt.

EIN HEIẞES BAD KANN SO BELEBEND WIRKEN. HIER FÜHLT MAN SICH DANACH BLOẞ AUSGELAUGT.

Bedauerlicherweise ist der Natronsee weniger gefährlich als seine sauren Gegenstücke. Dennoch empfiehlt es sich, einen gesunden Abstand zum Wasser zu halten – man würde ja auch nicht in purem Bleichmittel schwimmen [hier obligatorische Michael-Jackson-Referenz einfügen]. Wer diesen Ratschlag ignoriert, kann bestenfalls mit schweren Reizungen von Augen und Haut rechnen; ebenso mit Magenbeschwerden oder vergleichsweise exotischen Infektionen mit Bakterien, denen man normalerweise Zeit seines Lebens nicht einmal begegnen würde. Längere Aufenthalte haben dann ähnliche Folgen wie ein ausgiebiges Säurebad – und das bei Wassertemperaturen, die man nicht einmal bei der morgendlichen Dusche im tiefsten Winter tolerieren würde.

Tiere, die dem See versehentlich zu nahekommen, erblinden, verätzen sich Haut und Atemwege und verenden dann im Wasser, das derart salzig ist, dass es sie für die Ewigkeit mumifiziert.

FAZIT: Eine Reise zum Natronsee und zum Ol Doinyo Lengai lohnen sich schon allein – doch gleich um die Ecke finden sich noch die Wüste Serengeti und der Vulkan Ngorongoro, in dessen erloschenem Krater die höchste Raubtierdichte ganz Afrikas beobachtet wird. Diejenigen, denen ein heißer Natronsee allein nicht gefährlich genug ist, können sich also in nächster Nähe selbst in den »Circle of Life« integrieren.

Für ein solch spektakuläres Ziel ist die Anreise denkbar kommod: Bis zum internationalen Flughafen Kilimandscharo ist es ein Leichtes, von dort aus sind es rund 150 Kilometer Luftlinie bis zum Natronsee (allerdings mit bescheidener Infrastruktur). Am sorglosesten ist die Besichtigung aber als Teil einer organisierten Tour durch den Norden Tansanias.

FAILED STATE

JUBA, SÜDSUDAN

KOSTEN **GEFAHR** **SPEKTAKEL**

Hier ist ein Gedanke, von dem Sie gedacht haben, ihn wohl niemals zu denken: »Wow, Nordkorea klingt gar nicht sooo schlecht!« Aber, wie man schnell herausfindet, wenn man Recherchen über *failed states* beginnt, es geht noch schlimmer.

Zahlreiche Nationen in Afrika sind weit von einem akzeptablen Lebensstandard entfernt, von der Einhaltung der Menschenrechte einmal ganz zu schweigen. Und nirgendwo ist die Situation dramatischer als im Südsudan, der sich 2011 vom Sudan abgespalten hat, wo nun vergleichsweise beneidenswerte Zustände herrschen – und das will was heißen, denn der Sudan ist bislang auch nicht als Hort bürgerlicher Freiheiten in Erscheinung getreten. Auf dem Fragile States Index konnte der Südsudan den bisherigen Spitzenreiter, Somalia, locker von der Pole Position verdrängen.

WAS IN EINEM STAAT SCHIEFGEHEN KANN, WIRD IM SÜDSUDAN SCHIEFGEHEN.

ER IST DER INBEGRIFF EINES *FAILED STATES.*

Wie konnte das geschehen? Die gängigste Erklärung zielt darauf ab, dass die Unruhen ihren Ursprung bereits 1982 fanden, als im Sudan islamisches Recht etabliert wurde – für den islamisch geprägten Norden ein Fortschritt, für den christlich geprägten Süden ein Rückschritt. Die Folge war ein 22-jähriger Bürgerkrieg zwischen Regierungstruppen und Rebellen aus dem Süden; erst im Jahre 2005 konnte mit internationaler Unterstützung ein Friedensabkommen unterzeichnet werden. 2011 folgte die Unabhängigkeit Südsudans vom Sudan – und das Chaos nahm seinen Lauf. Denn: Auch hier wurde übersehen, dass der Südsudan alles andere als einheitlich war – mehr als 60 ethnische Gruppen, die sich teilweise bis aufs Blut hassen, fanden sich jetzt in einer neuen Nation zusammen, die noch ärmer, noch hilfloser, noch korrupter war als diejenige, von der sie sich auf eigenen Wunsch losgesagt hatten.

Im Dezember 2013 brach dann endgültig ein neuer Bürgerkrieg aus, und seitdem ist es selbst mit fleißiger Google-Suche schwierig, auch nur eine positive Nachricht über das Land zu finden. Seit Ausbruch des Krieges sind – so schätzt man, da genaue Zahlen nicht verfügbar sind – 300.000 Menschen ermordet worden, und das bei einer recht kleinen Bevölkerung von 12 Millionen. Drei Millionen von ihnen sind auf der Flucht, ebenso viele sind vom Hungertod bedroht.

Alles, was ein Maschinengewehr ergattern konnte, lässt derweil seinen Perversionen freien Lauf. Die UN berichten von unzähligen Gruppenvergewaltigungen, Kastrationen und ethnischen Säuberungen. In einem Land, in dem es kaum Geld und noch weniger Güter gibt, stellen nicht nur Kühe ein Zahlungsmittel dar – die Soldaten akzeptieren auch Vergewaltigungen als steuerbefreite Lohnzusatzleistung. Anderswo sticht man Mutter die Augen aus, schneidet Vater den Kopf ab und vergnügt sich mit einem guten Dutzend Soldaten an der Tochter – das dunkle Mittelalter lässt grüßen.

▾ So sehen die glücklicheren Bewohner des Landes aus, denn sie haben Kleidung, Wasser, Nahrung und zumindest die Andeutung einer Straße.

FAZIT: Wow, Nordkorea klingt gar nicht sooo schlecht! Die Chance, gesund und munter das Land wieder zu verlassen, dürfte minimal sein – freiwillig sollte es also niemanden in den Südsudan ziehen, und falls doch (etwa, um die größte intakte und zugleich nahezu unberührte Savanne Afrikas zu besuchen), ist die einzig realistische Chance, dies mit einem Visum (erstellt in der südsudanesischen Botschaft in Berlin) zu tun und einem Flug in die Hauptstadt Juba.

Dort werden Sie dann von freundlichen Kindersoldaten in Empfang genommen, die Ihnen eine Zwangsprostituierte zuweisen können. Es empfiehlt sich die Mitnahme rauer Mengen von Alkohol, um diverse Beamte und Soldaten gütig zu stimmen. Bei der Bestechung sollten Sie sich in jedem Falle großzügig zeigen, denn den kleinen Jamaal (11) juckt es schon in den Fingern, seine neue Boden-Luft-Rakete an Ihnen auszuprobieren. Zudem empfiehlt sich die Mitnahme einer kampferhaltigen Salbe, die man unter die Nase schmieren kann, um den omnipräsenten Gestank nach verbranntem Müll und offener Kanalisation zu übertünchen.

▾ Extreme Gewalt bleibt ein Teil des Alltags.

ALLES MÖGLICHE

QUEENSLAND, AUSTRALIEN

KOSTEN €€€ | **GEFAHR** | **SPEKTAKEL**

Von einem Kompendium über die gefährlichsten Orte der Welt müsste es eigentlich zwei Bände geben. Band I – »Australien«, Band II – »Der Rest«. Keine Nation bietet auch nur im Ansatz derart vielfältige Möglichkeiten, sich – mit oder ohne Absicht – in akute Lebensgefahr zu bringen. Das ist allem voran der australischen Flora und Fauna zu verdanken, deren Evolution auf dem isolierten Kontinent einige unerwartete Abzweigungen genommen hat und uns heute mit einigen der giftigsten Tiere und Pflanzen beglückt, die man auf diesem Planeten finden kann. Und nirgends ist deren Dichte höher als in Queensland, dem fernen Urlaubsparadies blasser Backpacker aus Europa.

Um es gleich vorwegzunehmen: Wer sich auf den ausgetretenen Touristenpfaden bewegt und vielleicht sogar noch ein paar ganz grundlegende Sicherheitsmaßnahmen befolgt, wird in Queensland wohl nicht einmal ein gefährliches Tier sehen, geschweige denn von ihm gebissen, gestochen oder aufgefressen. Welche Verhaltensweisen dies sind, gehört aber nicht hierher – hier ist nur Platz für eine lose, keinesfalls abschließende Aufzählung von Tieren, die Ihnen behilflich sein können, wenn Sie die Hitze keinen weiteren Tag lang aushalten wollen.

Zunächst einmal zur See: In den Küstengewässern vor Australien lebt die Würfelqualle, ihres Zeichens giftigste Spezies der Welt. Ein bloßer Kontakt mit deren Tentakeln führt unbehandelt zu einem – wenn man Zeugenberichten Glauben schenken darf – recht qualvollen Tod, idealerweise am Strand mit vielen neugierigen Zuschauern. Wer die Schmerzen scheut, kann den Kontakt zu einer Kegelschnecke suchen – deren Gift sorgt ebenfalls für einen zügigen Abgang, betäubt aber zugleich, so dass man keinerlei Schmerzen empfindet. Alternativ finden sich in Küstennähe Salzwasserkrokodile, die nur darauf warten, dass Touristen zu ihnen ins Wasser springen, sowie außerhalb des Riffs auch die in Australien üblichen Haifische, die einem kleinen Snack erfahrungsgemäß nicht abgeneigt sind (wenn auch die Zwischenfälle in anderen Regionen Australiens deutlich häufiger sind). Wer sich nicht sicher ist, ob man gefahrlos schwimmen kann, sollte Frauen und Kinder zuerst ins Wasser schicken.

AUSTRALIEN BIETET SO VIEL: HAIFISCHE, KROKODILE, GIFTSCHLANGEN, SKORPIONE, KILLERSPINNEN, ...

Auf dem kleinen Streifen zwischen Wasser und Land ist das Risiko relativ gering, von einem schönen Sonnenbrand einmal abgesehen.

Allerdings: Dort, wo der Strand endet, finden sich im australischen Busch die giftigsten Schlangen der Welt. Einige von ihnen, wie etwa die *brown snakes*, gelten als aggressiv – eine denkbar ungünstige Kombination für den flipfloppenden Entdecker von Welt. Sie bekommen Gesellschaft von der australischen Version der schwarzen Witwe – der *redback spider* – sowie zahlreichen anderen Spinnen, Skorpionen als auch stich- und beißfreudigen Insekten, bei denen (aufgrund niedriger Fallzahlen) niemand so genau sagen kann, ob und wie toxisch sie denn nun für den Menschen sind. Und genau dort – bei den

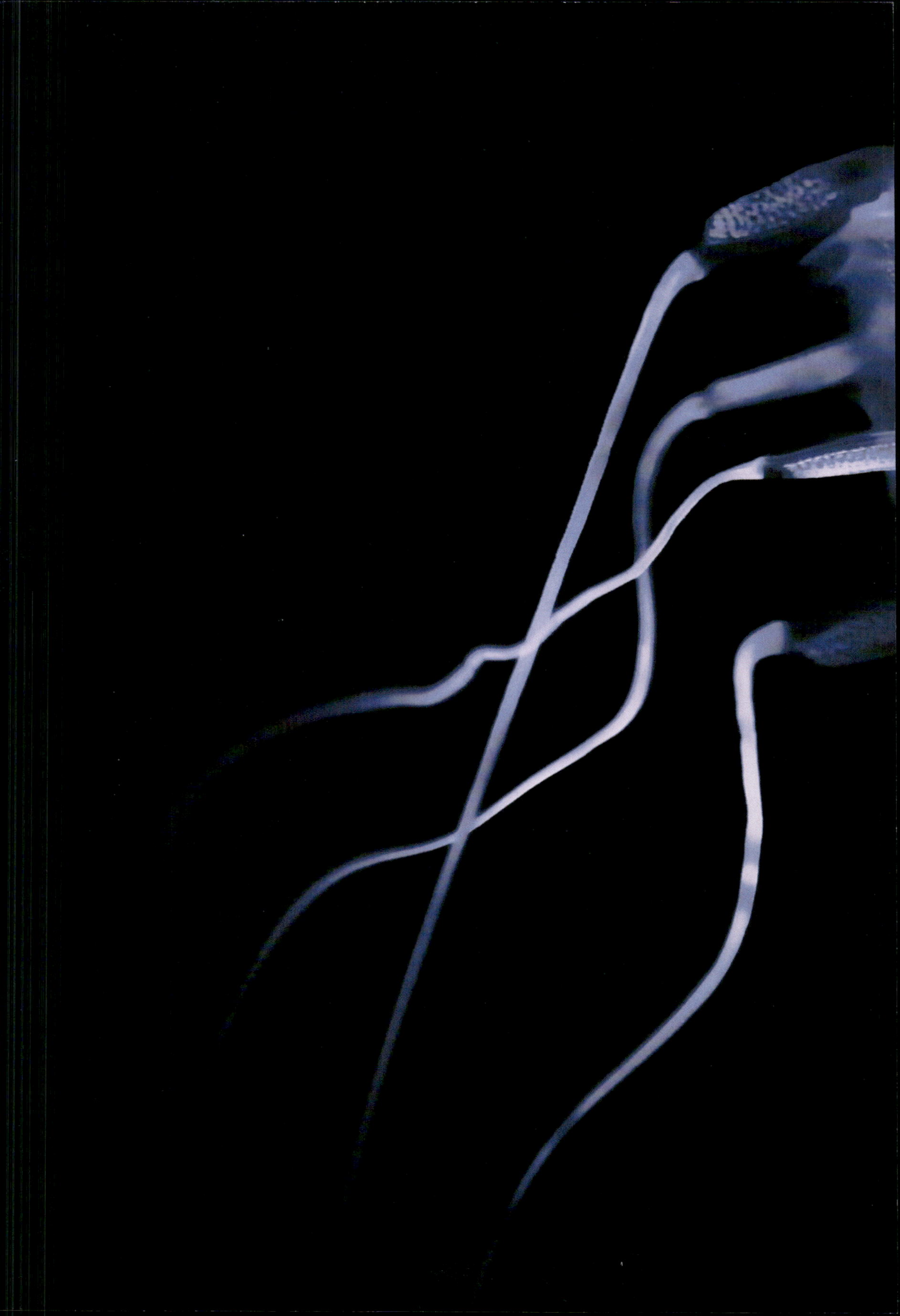

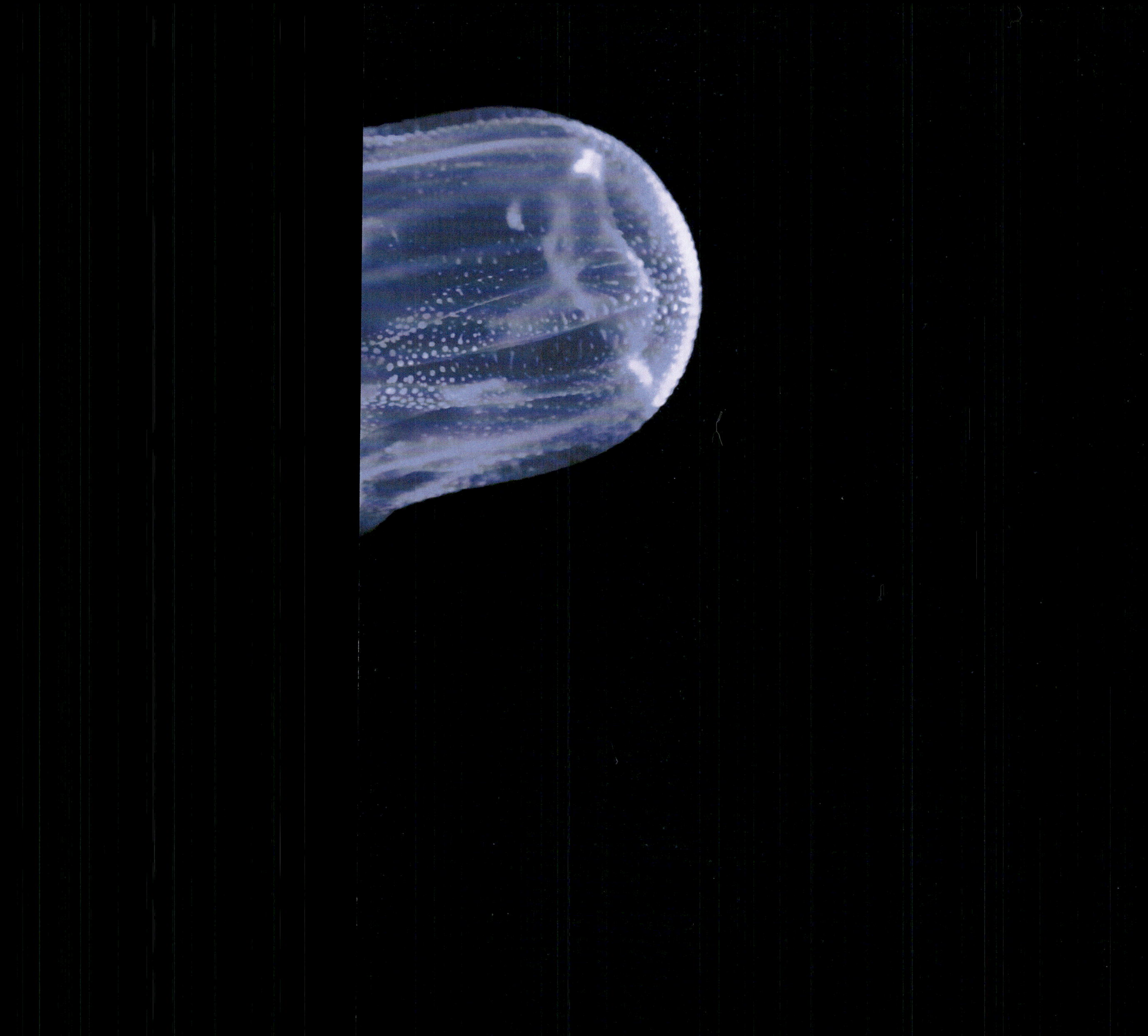

▲ In freier Wildbahn – also ohne die passende Beleuchtung – ist die kleine Würfelqualle so gut wie unsichtbar.

niedrigen Fallzahlen – lohnt es sich, anzusetzen. Im Namen der Wissenschaft.

FAZIT: Brisbane im Süden Queenslands und Cairns im Norden sind die beiden Einfallstore für Australienurlauber. Dazwischen ist alles bestens erschlossen – wer das Abenteuer sucht, kann ins Landesinnere ausweichen oder in den hohen Norden. Und auch die Anreise hält eine Überraschung bereit: Dank den extrem langen Flügen von Europa nach Australien gibt es die höchste Chance, mit einer Thrombose anzukommen. Der echte Spaß beginnt aber erst am Boden bzw. im Wasser, da man nie wissen kann, mit welchem Toxin man gleich vollgepumpt wird bzw. auf wessen Speisezettel man gleich landet. Stets sollte aber der wissenschaftliche Mehrwert im Vordergrund stehen, der es zukünftigen Generationen von Australiern leichter machen wird, die Risiken vor Ort besser einzuschätzen. Mit einem bisschen Glück war es eine neue Spezies – und sie wird nach Ihnen benannt!

▼ In Australien kann es schon mal vorkommen, dass man an einem Traumstrand wie aus dem Bilderbuch steht – aber keinen Fuß ins Wasser halten darf …

HITZE

DEATH VALLEY, USA

KOSTEN **GEFAHR** **SPEKTAKEL**

Kein Buch über die gefährlichsten Destinationen der Welt kann auskommen ohne ein Kapitel über das Death Valley, welches das Schicksal der Reisenden bereits im Namen trägt.

Das Tal des Todes liegt westlich von Las Vegas, auf rund halber Strecke zur Westküste. Nur rund 100 Kilometer weiter ist die Welt eine völlig andere – dort befinden sich einige der höchsten Berge der Vereinigten Staaten, deren Gipfel dick von Schnee und Eis bedeckt sind. Das Death Valley bildet den extremen Kontrast: Es ist nicht nur der tiefste Punkt Nordamerikas (86 Meter unter dem Meeresspiegel), sondern zugleich der heißeste Ort der Erde.

Zwar gibt es immer wieder inoffizielle Messungen, die die Werte im Death Valley überschreiten sollen, doch was belastbare offizielle Rekorde angeht, ist das winzige Örtchen Furnace Creek einsamer Spitzenreiter. Die höchste jemals gemessene Lufttemperatur betrug sagenhafte 56,7 Grad. Der Rekord bei der Bodentemperatur liegt sogar bei 93,9 Grad Celsius. Das reicht für Verbrennungen dritten Grades oder – um mal ein positives Beispiel zu benennen – für die zügige Zubereitung kleinerer Mahlzeiten: Frische Spiegeleier zu braten ist das *must-do* eines Besuchs am heißesten Ort der Welt. Das Death Valley ist damit eine der wenigen Regionen, bei denen die Rot- und Brauntöne in der Wettervorhersage nicht mehr ausreichen, um die prognostizierte Hitze darzustellen.

Denn hier, in diesem besonders tiefen Tal zwischen zwei Bergketten, staut sich die Luft und wird immer heißer, ohne von kühleren Luftmassen verdrängt zu werden. Durch die spärliche Vegetation kann auch der Boden stark aufheizen; die erwärmten Luftmassen steigen dann an den steilen Bergwänden empor, fallen aber ab einer gewissen Höhe wieder zurück – ähnlich wie in einem Heißluftofen. Und genau wie die Kälte durch den Windchill noch unangenehmer wird, so sorgen heiße Fallwinde dafür, dass Grund und Boden noch schneller austrocknen und der Aufenthalt noch unangenehmer wird.

Eine derart extreme Destination zieht selbstredend unzählige Besucher an, zumal sie von Las Vegas zügig zu erreichen ist. Für die meisten Touristen ist die Fahrt durch das Death Valley auch eine beeindruckende Erfahrung – man kann so viel über die Hitze und die Stille lesen, wie man will, in der Realität sind sie dennoch unerwartet überwältigend. Für einige wenige endet die Reise aber unglücklich, allen voran für diejenigen, die das Klima unterschätzen.

Bei derartigen Temperaturen und knochentrockener Luft trocknet selbst der Schweiß in Sekunden; nach kurzer Zeit werden auch die Lippen rissig, von trockenen Augen ganz zu schweigen. Der Flüssigkeitsbedarf ist ein Vielfaches von dem, was man unter normalen Bedingungen zu sich nehmen müsste. Das klassische Unglück beginnt übrigens mit einer Autopanne, idealerweise auf einer der wenig befahrenen Routen, und Insassen, die den Ratschlag ignorieren, in diesem Fall in der Nähe des Wagens zu verharren und auf Rettung zu warten. Bei derart extremen Bedingungen kann auch ein kurzer Spaziergang tödlich erden. Zwar sind im Death Valley – in absoluten Zahlen – nicht viele Leben verloren gegangen, aber zumeist unter mysteriösen Umständen, die teilweise erst Jahre später (wenn überhaupt) aufgeklärt werden können. Manch einer verschwindet auch spurlos.

»Mir ist es hier zu heiß, ich verzieh' mich!« – Ein Stein im Death Valley

FAZIT: Ob und wie beeindruckend eine Spritztour durch das Death Valley endet, hängt entscheidend von der Jahreszeit ab. In den Wintermonaten ist es normal heiß, in der Schultersaison extrem heiß und in den Sommermonaten pervers heiß. Apropos pervers: Wer den Ironman auf Hawaii für verweichlicht hält, findet womöglich am *Badwater Ultramarathon* seinen Gefallen. Jeden Juli – also genau dann, wenn das Quecksilber auf über 50 Grad steigt – treffen Wahnsinnige aus aller Welt am tiefsten Punkt im Death Valley zusammen, um von hier aus 217 Kilometer am Stück bis zum Mount Whitney in Kalifornien zu laufen, auf eine Höhe von 2.530 Meter. Die besten Läufer benötigen dafür zwischen zwanzig und dreißig Stunden.

FEINSTAUB

VIRGO SUPERCLUSTER, UNIVERSUM

KOSTEN **GEFAHR** **SPEKTAKEL**

So schön es hier auch ist, ewig können wir nicht bleiben. Die Zeit, die die Menschheit auf der Erde verbringen kann, ist endlich.

In rund einer Milliarde Jahre wird es für irdisches Leben ungemütlich. Gesteigerte Sonnenaktivität wird die Oberflächentemperatur auf knapp 50 Grad erhöhen und das meiste Leben auf der Erde vernichten. 2,3 Milliarden Jahre in der Zukunft wird dann das irdische Magnetfeld, das uns vor kosmischer Strahlung schützt, zusammenbrechen; 500 Millionen Jahre später steigt die Durchschnittstemperatur bis auf fast 150 Grad. In vier Milliarden Jahren ist es dann so heiß auf der Erde, dass das Oberflächengestein schmelzen wird. Spätestens dann ist es Zeit, zu packen, denn die Sonne wird sich zu einem Roten Riesen aufblähen und die Erde letzten Endes schlicht verschlucken.

WIRD DIE MENSCHHEIT DEN PLANETEN VERLASSEN KÖNNEN, BEVOR ER VON SUPERVULKANEN UND GAMMABLITZEN VERNICHTET WIRD?

Und das ist noch das beste Szenario. Denn rein statistisch gilt: Innerhalb von einer Million Jahren wird die Zivilisation vom Ausbruch eines Supervulkans bedroht. Innerhalb von 100 Millionen Jahren wird erneut ein großer Asteroid einschlagen, was schon den Dinosauriern nicht gut bekommen ist. Und innerhalb von 500 Millionen Jahren müsste die Erde von einem vernichtenden Gammablitz getroffen werden.

Aber wohin? Es besteht die Chance, dass sich die bewohnbare Zone in unserem Sonnensystem »nur« ein wenig nach außen verschiebt. Dann wäre das Leben auf dem Mars möglich oder vielleicht auf einem der Monde Saturns. Vielleicht aber auch in einem anderen Sonnensystem oder in einer fernen Galaxie. Davor steht aber das Transportproblem, allen voran die Geschwindigkeit.

▲ So viel gibt es noch zu entdecken außerhalb unseres Sonnensystems. Leider sind wir alle zu früh geboren, um daran teilzuhaben. Vielleicht beim nächsten Mal!

Genau wie bei Reisen in die Zukunft (siehe »Paradoxon«, Seite 183) sind hohe Geschwindigkeiten nötig, um überhaupt in vertretbarer Zeit irgendein Ziel zu erreichen, Hyperschlaf hin oder her. Selbst bis zum Mars dauert es aktuell Monate, von fernen Sternen ganz zu schweigen. Doch sind die Risiken hier enorm, allen voran aus einem Grund: Das Weltall ist nicht leer. Selbst die Astronauten, die in der ISS sitzen, sind dem konstanten Risiko ausgesetzt, von einem Staubkorn getroffen zu werden, welches bei den herrschenden Geschwindigkeiten durchschlagende Wirkung haben kann. Bei höherem Tempo ist das Risiko ungleich höher – wer nahe der Lichtgeschwindigkeit unterwegs ist, sollte auch vor winzigen Mengen Materie in Acht sein, die im Raum umherschweben. Die Kollision mit dem galaktischen Feinstaub kann genug Reibungshitze erzeugen, um Teile eines Raumschiffes zu verdampfen. Und dann gilt: Im Weltraum hört dich niemand schreien.

FAZIT: Zum Glück ist ja noch ein wenig Zeit, um die Probleme in Angriff zu nehmen und auch was gegen die kosmische Strahlung zu erfinden, der man bei einer solchen Reise ausgesetzt wäre. Allerdings – so viel Zeit vielleicht auch nicht. Aktuelle Schätzungen gehen nicht davon aus, dass die Menschheit überhaupt noch 100 Millionen Jahre überleben wird. Die meisten Wissenschaftler sind weitaus skeptischer und vermuten unser Ende in 10.000 bis 10 Millionen Jahren. Wer aber der Erste ist, der sich auf den Weg zu unserer neuen Heimat macht, wird sicher so schnell nicht vergessen werden. Es sei denn natürlich, er verdampft spurlos im Weltall.

SCHWERMETALLE

NORILSK, RUSSLAND

KOSTEN **GEFAHR** **SPEKTAKEL**

Afrika gilt als die Wiege der Menschheit. Der mittlere Westen der USA als Brotkorb der Menschheit. Aber wo liegt eigentlich ihre Sondermülldeponie?

Die Antwort ist wohl wenig überraschend, denn sie liegt in Norilsk, einer einsamen Stadt im höchsten Norden Russlands. Es ist eine von nur drei Städten, die auf dem Permafrost gebaut wurden.

Norilsk ist ein Erlebnis für sich. Ihre Lage allein macht die Stadt schon einzigartig, und das im schlechtesten denkbaren Sinne. Acht Wochen im Jahr scheint hier überhaupt keine Sonne, die den extremen Winter abmildern könnte. Temperaturen um die minus 50 Grad gehören ebenso zur Norm wie meterhohe Schneemassen. Dass ein verspäteter Bus lebensbedrohlich werden kann, ist keine Information, die man in einem chao-

tischen Land wie Russland wertschätzen kann. Doch auch im Sommer ist bei einem Besuch nach Norilsk die Depression programmiert. Ist die Sonne erst einmal da, kann man das ganze Drama beschauen. Norilsk wirkt wie ein einsamer Vorbote einer fernen Dystopie. Ein endloses Meer trister, farbloser Plattenbauten und am Horizont eine Einöde, die nur von der Schwerindustrie unterbrochen wird.

Und hier wird's interessant: Norilsk blickt auf eine einseitige, triste Geschichte zurück. Die Stadt wurde 1935 (offiziell) gegründet, als Zentrum für einen Gulag, in dem Schwermetalle aus den erzreichen Böden gewonnen wurden. Fast 20.000 Gefangene haben dort ihr Leben gelassen. Doch auch nach dem Fall der Sowjetunion ist die Industrie geblieben, und selbst heute existiert Norilsk faktisch nur zur Gewinnung und Verarbeitung von Eisenerzen. Deren Transport findet übrigens ausschließlich im Sommer statt: Nach Norilsk führen keine Straßen und keine Schienen; der einzige Transportweg ist das Meer, welches im Winter unpassierbar wird. Dann führt der einzige Ausweg über den Flughafen.

Mehrere Jahrzehnte unkontrollierter Umweltverschmutzung haben ihre Spuren hinterlassen. Die Böden sind so dermaßen durch Schwermetalle aus Abgasen und Abwässern verseucht, dass es sich mittlerweile lohnt, sie daraus ein zweites Mal zu gewinnen. In der ohnehin kargen Landschaft wächst nichts mehr. Der saure Regen und die verseuchte Luft reduzieren die Lebenserwartung in der Stadt gleich um ein Jahrzehnt verglichen mit dem Rest des Landes: Es wird geschätzt, dass ein ganzes Prozent der globalen (!) Schwefeldioxidemissionen nur aus einer einzigen Fabrik in Norilsk stammen – eine beeindruckende Leistung. Die programmierte Depression tut ihr Übriges.

▼ Wenn Sie die Bettenburgen in Benidorm schon nicht mögen, sollten Sie von Norilsk Abstand halten.

FAZIT: Reizt es Sie, nach Norilsk zu reisen, so müssen Sie – wenn sie nicht gerade erfrieren, was in wenigen Minuten möglich ist – zumindest mit den langfristigen Folgen einer Vergiftung mit Schwermetallen rechnen. Deren Symptome sind ebenso vielseitig wie kurios, so dass sich die korrekte Diagnose in die Länge ziehen kann. Die geringe Lebenserwartung in Norilsk ist jedenfalls kein statistischer Zufall.

Zum Glück ist die Anreise, wie so vieles in Russland, kompliziert. Zunächst braucht man eine Einladung, auf deren Basis ein Visum erteilt werden kann. Nach Norilsk selber »muss« man einfliegen, da alternative Transportwege faktisch nicht zur Verfügung stehen. Streng genommen ist der Zugang zur Stadt für Ausländer auch verboten – ein paranoides Überbleibsel aus den guten alten Zeiten, in denen man für einen falschen Gedanken schon mal zwanzig Jahre ins Arbeitslager geschickt wurde, von denen man allenfalls ein paar Monate überleben konnte. Gerüchteweise lässt sich in Russland aber so manche Regelung im Gegenzug gegen finanzielle Wertschätzung umgehen, so dass einem Ausflug zum gottverlassenen Ende der Welt eigentlich gar nichts entgegensteht.

▾ Typische Innenstadtszene eines Ortes, von dem Stalin einst dachte: Was eine tolle Gegend für einen Gulag!

▲ Dieser somalische Pirat startet seinen Tag mit einem leichten Stretching, bevor sich aufmacht, um eines der Schiffe am Horizont auszurauben und dessen Kapitän hinzurichten.

PIRATERIE

INDISCHER OZEAN, SOMALIA

KOSTEN €€€ **GEFAHR** 💣💣💣💣 **SPEKTAKEL** ✵

So erheiternd das Herumgehampel von Johnny Depp auch sein mag – schnell wird vergessen, dass Piraten schon immer der allerletzte Abschaum gewesen sind. Umso bedauerlicher, dass sich das Problem bis in die Neuzeit gehalten hat: Im 21. Jahrhundert floriert das Geschäft vor allem am Golf von Guinea, zwischen Mexiko und den USA und vor Singapur. Bis zuletzt haben sich die Piraten aber vor allem vor der Küste Somalias einen Namen gemacht.

Somalia zählte selbst zu seinen besten Zeiten zu den eher wildromantischen Destinationen. Mittlerweile gehört das Land aber zu den extremsten Beispielen der *failed states*, in denen der Staat elementare Aufgaben nicht mehr wahrnehmen kann und dafür Gewalt den Alltag prägt. Angesichts mangelnder Zukunftsperspektiven suchen daher somalische Piraten ihr Glück – oder, besser gesagt, das Glück der anderen – auf See.

Nach einzelnen Überfällen sprach sich das alte/neue Geschäftsmodell herum, und die Branche erfreute sich 2008 an einem kometenhaften Aufstieg. Von diesem Zeitpunkt an war es völlig normal, dass pro Woche ein ausländisches Boot gekapert wurde. In der Regel hoffte man auf Beute an Bord oder zumindest ein hübsches Lösegeld für die Crew.

Der *modus operandi* war zumeist gleich: In den frühen Morgenstunden näherten sich Schnellboote mit bis an die Zähne bewaffneten Piraten. Diese enterten die Schiffe entweder direkt oder bedrohten die Besatzung mit Waffengewalt, bis die Kontrolle auf der Brücke »freiwillig« hergegeben wurde. Besonders häufig waren die Angriffe an der Nordküste Somalias, dort, wo sich das Rote Meer verengt und wenig Gegenwehr anderer *failed states* – wie dem Jemen – zu erwarten war. Allerdings vergrößerte sich die Reichweite kontinuierlich: Zwischen dem Oman und Tansania wurden Attacken berichtet, auch bis weit in den Indischen Ozean hinein, sogar nahe dem Urlaubsparadies Seychellen.

In der wildesten Phase der Piraterie zwischen 2008 und 2013 wurden über 1.000 Menschen als Geiseln genommen, teilweise monatelang. Ein Drittel von ihnen wurde währenddessen misshandelt, mehr als sechzig starben. Kein Wunder, dass sich die Besatzungen kaum mehr in diesen gottverlassenen Teil der Weltmeere hineintrauten. In der Konsequenz wurde die militärische Präsenz an der Küste und auf dem Meer massiv erhöht; zudem werden zahlreiche Frachter von privaten Sicherheitsfirmen eskortiert, die ihrerseits bis an die Zähne bewaffnet sind und keinerlei Hemmungen haben, von ihrem Ozeanriesen aus eine kleine Nussschale mit somalischen Piraten zu durchsieben.

In der Folge ist die Zahl der Angriff zunächst kollabiert. Für einige Jahre war faktisch Ruhe im Puff, doch ist das Problem der Piraterie natürlich nicht spurlos verschwunden. Sobald die Wachsamkeit auf der einen Seite nachlässt, steht auf der anderen ein kleiner Pirat bereit, um die Situation auszunutzen.

FAZIT: Wer eine eigene Yacht besitzt und noch einmal das Mittelalter durchleben möchte, ist mit dieser Option bestens beraten. Dazu empfiehlt es sich, vom Suezkanal aus die Küste entlang bis nach Tansania zu schippern und zu schauen, was denn so passiert. Landschaftlich wird dabei sogar einiges geboten; selbst Somalia hat traumhafte Strände, die aber aus naheliegenden Gründen touristisch nicht erschlossen sind. Auch klimatisch gibt es kaum Segeltörns, die ein schöneres Wetter garantieren können. Wer als Landratte mehr über die Piraterie erfahren möchte, kann sich von Mogadishu aus in den höchst instabilen Norden durchschlagen und prüfen, ob die Berichte stimmen, wonach die Piraterie zu einem Aufschwung in der lokalen Wirtschaft geführt hat – nämlich dort, wo die Beute versoffen und verhurt wurde.

▾ Weniger lustig als die Piraten der Karibik, wie mehr als 1.000 Opfer bestätigen können.

HÖHENKRANKHEIT

ANNAPURNA, NEPAL

KOSTEN **GEFAHR** **SPEKTAKEL**

1953 gelang französischen Bergsteigern auf der Annapurna die erste Besteigung eines Achttausenders – also eines der nur 14 Berge auf diesem Planeten, die mehr als 8.000 Meter hoch sind. Diese Leistung ist weitestgehend in Vergessenheit geraten, da nur drei Jahre später die erste Besteigung des Mount Everest gelang, des höchsten Bergs der Welt.

Einen Titel durfte die Annapurna aber bis heute behalten: Sie gilt nach wie vor als der gefährlichste aller Berge. Einer von dreien, die es auf den Gipfel schaffen, kommt nicht wieder herunter. Alle Wege, die auf den Achttausender führen, sind technisch anspruchsvoll – mit Ausnahme der »Normalroute«, die dafür extrem lawinengefährdet ist.

All dies durften die Franzosen auf ihrer Erstbesteigung am eigenen Leib erfahren. Mit (seinerzeit) relativ modernem Equipment, aber zahlreichen taktischen Fehlern – wie etwa unzureichend isoliertem Schuhwerk – kämpften sie sich in Höhen hervor, die kein Mensch vor ihnen erreicht hatte. Einer der beiden Gipfelbezwinger gönnte sich vor der finalen Etappe – anstelle des dringend notwendigen Wassers – noch ein paar Aufputschmittel und war folglich in dermaßen guter Stimmung, dass ihn auch seine erfrierenden Gliedmaßen nicht weiter die Laune verderben konnten. Sein Partner stürzte beim Abstieg in eine Gletscherspalte, die umgehend als notdürftiger Biwak herhalten musste. Als sie mit zwei anderen Mitgliedern des Teams zusammentrafen, wurden sie noch von einer Lawine verschüttet. In der Folge kämpften sich zwei schneeblinde Bergsteiger mit zwei halbtoten Bergsteigern ins Tal hinab. Angeblich konnte einer von ihnen nicht aufhören zu schreien.

EINER DER ERSTBESTEIGER KONNTE NICHT AUFHÖREN ZU SCHREIEN – TOLL.

Den Triumph, als Erste oben gewesen zu sein, kann man den Kletterern nicht nehmen. Aber nach derartigen Erfahrungen hätte man meinen müssen, extremes Bergsteigen habe keine große Zukunft. Doch das Gegenteil war der Fall: Ein Ansturm auf die großen und schwierigen Gipfel dieser Welt brach an, viele davon in Nepal und Pakistan, und brachte zahlreiche Rekordleistungen mit sich, aber auch unzählige Opfer. Mittlerweile stellt die Überfüllung an einigen Bergen das Hauptproblem dar: An Schlüsselstellen am Mount Everest stauen sich die Bergsteiger und verlieren wertvolle Zeit; zudem fehlt vielen von ihnen die Erfahrung, und sie werden – für viel Geld – faktisch von ihren Sherpas auf den Gipfel getragen.

Die Risiken beim Extrembergsteigen sind denkbar vielfältig. Die dünne Luft in der Höhe macht die Bergsteiger nicht nur unkonzentriert, sondern auch anfällig für Lungen- und Hirnödeme; so sehr, dass die Zone ab rund 7.000 Höhenmeter auch als Todeszone bezeichnet wird. In diesen Lagen kann sich der Körper unter keinen Umständen regenerieren, so dass die verbleibende Lebenszeit ganz automatisch knapp bemessen ist. Dazu kommt die eisige Kälte: Zweistellige Minusgrade sind ebenso die Norm wie plötzlich auftretende Stürme. Unter diesen Bedingungen kann man zügig erfrieren, was wiederum zu bi-

▲ Jeder, der an diesem Berg sein Leben ließ, tat es als hochmotivierter Mensch.

zarren Halluzinationen führt: So gibt es Berichte über Bergsteiger, die sich kurz vor dem Erfrieren ihrer Kleider entledigten und eine Runde tanzten, oder solche, die ihre letzten Kekse mit ihrem Partner teilten, obwohl es den Partner überhaupt nicht gab.

Gewitter können ebenso gefährlich werden wie der völlige Verlust der Orientierung in einem dichten Schneesturm, von unkontrollierten Eis- und Schneemassen ganz zu schweigen – und nirgendwo treffen diese Faktoren häufiger zusammen als auf der Annapurna.

FAZIT: Die Wanderungen um die Annapurna sind in Nepal äußerst beliebt. In Katmandu oder Pokhara muss man aus diesem Grund eine staatliche

Erlaubnis erwerben, um das Gebiet überhaupt betreten zu dürfen. Ebenso bedarf es einer speziellen Erlaubnis für eine Besteigung.

Mit Bus oder Taxi kommt man von Pokhara nahe an den Beginn der Wanderrouten, von dort aus gilt es nur im richtigen Moment abzuzweigen und immer dem Gipfel entgegenzulaufen. Ob mit Erfahrung und Ausrüstung oder ohne, die Risiken sind enorm – aber auch die Belohnung: eine einzigartige Aussicht und die reale Chance, in der Eiseskälte mumifiziert zu werden und in nur wenigen Jahrtausenden als neuer Ötzi im Museum zu landen!

▾ Das ist ja der Gipfel: So sieht der gefährlichste Berg der Welt aus sicherer Entfernung aus.

KETTENSÄGE

DIE DROGENKARTELLE VON MEXIKO, MEXIKO

KOSTEN **GEFAHR** **SPEKTAKEL**

Vorsichtige Schätzung: Bis zu 50 Milliarden Dollar verdienen die mexikanischen Drogenkartelle jährlich am Handel mit illegalen Substanzen, und das auch noch steuerfrei. Seit dem Zusammenbruch der rivalisierenden Banden aus Kolumbien haben die mexikanischen Gangs ein faktisches Monopol auf harte Drogen, was sich in immer weiter steigenden Straßenpreisen für immer minderwertigeres Koks niederschlägt. Mittlerweile muss man damit rechnen, für die Unze Ungeschnittenes aus Nicaragua um die zweitausend Dollar zu löhnen – ärgerlich!

Bei derartigen Umsatzzahlen ist nicht verwunderlich, dass etwaige Besitzstände energisch verteidigt werden. In dem als »mexikanischem Drogenkrieg« bezeichneten Dauerkampf zwischen Behörden und Kriminellen ließen bereits 60.000 Menschen ihr Leben. Inoffizielle Schätzungen liegen gleich doppelt so hoch, zumal fast 30.000 Menschen als »vermisst« gelten und – seien wir ehrlich – geringe Chancen bestehen, dass sie gesund und munter wiederauftauchen.

> **DIE MEXIKANISCHEN GANGS HABEN HEUTE EIN FAKTISCHES MONOPOL AUF HARTE DROGEN – UND VERTEIDIGEN DIESEN STATUS ENERGISCH.**

Zum Ausbruch der exzessiven Gewalt kam es im Jahre 1989, als erstmals ein führender Drogenkönig verhaftet wurde. Seitdem bekämpfen sich rivalisierende Kartelle ununterbrochen bis aufs Blut und hetzen sich gegenseitig die Staatsorgane auf den Hals, um entstehende Marktlücken zügig selbst zu besetzen. Mittlerweile sind mehrere Zehntausend Soldaten im Einsatz, einzig um des Drogenkriegs im eigenen Land Herr zu werden. Die Befürchtung ist jedoch, dass die Bevölkerung sich in erster Linie Sicherheit wünscht und – wenn diese vom Staat nicht gegeben werden kann – die Drogenkartelle als Ersatz akzeptiert. Insbesondere, wenn Teile des Staats sich ohnehin als käuflich erweisen.

Lange Zeit war es auch so, dass Zivilisten bei den Gewaltexzessen außen vor blieben. Die rivalisierenden Banden gingen vor allem gegeneinander vor, und das mit geradezu bemerkenswertem Blutdurst. Um Konkurrenten wie Zivilisten klarzumachen, mit wem sie es zu tun haben, wurden Dokumente dieser kleinen Schlachtereien über das Internet verbreitet, wo man sich nun mit erstaunlich wenig Rechercheaufwand über die dunkle, dunkle Welt der mexikanischen Drogenmorde aufschlauen konnte. Dort kam es schon mal vor, dass man einer gegnerischen Bande einen Besuch abstattete und sie – samt der buckligen Verwandtschaft – so lange mit rostigen Kettensägen bearbeitete, bis zukünftiger Widerstand sicher ausgeschlossen werden konnte. Die Überreste wurden manchmal nur verscharrt, aber auch gerne dekorativ in der Öffentlichkeit platziert, um der Nachwelt ein Mahnmal zu hinterlassen. Selbst nach einer oberflächlichen Google-Suche wird schnell klar, weshalb es Amerikaner gibt, die eine Mauer an der US-Grenze für keine ganz miserable Idee halten.

Heute ist die Situation aber eine andere, denn es zeigt sich, dass einige der Kartelle auch mit Wonne auf Zivilisten losgehen. Mal geht es um Migranten, die man als moderne Sklaven zur

Arbeit für das Kartell zwingen will. Manchmal geht es aber auch nur darum, sich selbst auf perverse Weise zu belustigen. Im Jahre 2011 wurden mehrere Busse auf ihrem Weg durch San Fernando entführt – an Bord mexikanische Zivilisten. Fernab der Zivilisation wurden dann Männer und Frauen, Junge und Alte voneinander getrennt. Die Frauen wurden in einem nahen Schuppen vergewaltigt, während man ihre Kinder mit Säure übergoss. Einen Busfahrer zwang man dazu, die Älteren und Schwachen zu überfahren, bevor man ihn dann erschoss und samt Bus in Brand setzte, während die vermeintlich Starken in Zweierteams eine Art Gladiatorenkampf durchführen mussten – mit Knüppeln sollten sie aufeinander eindreschen, bis nur die »Stärksten« übrigblieben, die dann zur Belohnung dem Kartell Los Zetas beitreten durften.

FAZIT: Und zum zweiten Mal kommt dieser furchtbare Gedanke, dass Nordkorea gar nicht sooo schlimm sein kann. Lange galt Mexiko als relativ sicher, solange man sich nicht in den falschen Gegenden aufhielt. Doch wie das obige Beispiel zeigt, ist auch die Zivilbevölkerung nicht mehr sicher. Selbst in den Touristenhochburgen wie Acapulco kam es in vergangenen Jahren zu massiven Gewaltausbrüchen gegen Zivilisten.

Wer also ein sonniges Klima in einem Land mit reicher Geschichte verbinden will mit ein paar archaischen Todeskämpfen, Hinrichtungen aus Langeweile und der Chance auf eine Karriere als Drogenbaron, der ist vor allem an Mexikos Ostküste bestens aufgehoben. Eine kurze Recherche vor Abreise zeigt auf, wo sich die ständig wandelnden Epizentren der Gewalt akut befinden.

▾ Tipp: Wer verhindern will, dass arme Menschen in Entwicklungsnationen ausgebeutet werden, sollte zuallererst seinen Drogenkonsum einstellen.

Ganz schön, aber auch ganz schön gefährlich. Wären die Menschen nicht, wäre Mexiko ein sicheres Reiseland.

SCHWELBRAND

CENTRALIA, USA

KOSTEN | GEFAHR | SPEKTAKEL

Im Jahre 1865 eröffnete der erste Tagebau im kleinen Städtchen Centralia in Pennsylvania. In den nächsten Jahren folgten vier weitere, auch die erste Eisenbahnanbindung ließ nicht lange auf sich warten. Mit den reichen Steinkohlevorkommen direkt unter der Oberfläche schien der Stadt eine rosige Zukunft programmiert zu sein.

Bis zum Ende des Jahrhunderts wuchs der Ort auf fast 3.000 Einwohner an, doch dann stagnierte die Entwicklung. Der Börsencrash 1929 setze dann dem Großteil des Bergbaus ein jähes Ende; Massenarbeitslosigkeit war die Folge. Im Jahre 1960 wurde die Kohleförderung dann restlos eingestellt.

Das war allerdings erst der Anfang vom Ende für Centralia: Als zwei Jahre später ein Brand auf einer Müllkippe außer Kontrolle geriet, entzündete sich das unterirdische Flöz und schwelt seitdem ununterbrochen (!) vor sich hin. Die zahlreichen verlassenen Minentunnel sorgen für die nötige Frischluftzufuhr; im Gegenzug finden giftige Gase durch jede noch so kleine Ritze ihren Weg an die Oberfläche. Die Bewohner der Stadt wurden stutzig, als sie bemerkten, wie sich ihr Grund und Boden urplötzlich immer mehr erhitzte.

Was folgte, war eine jahre-, nein, jahrzehntelange Diskussion über die Frage, ob ein unterirdisches Feuer eine Gefahr für die Bewohner darstellt oder nicht. Unbekannt sind solche Brände beileibe nicht: Selbst das Saarland wirbt mit seinem »brennenden Berg«, einer kleinen Anhöhe, unter der seit dem 17. Jahrhundert ein Kohleflöz friedlich vor sich hin schwelt. In Centralia ist der Brand jedoch wesentlich größer – und nach mehreren lebensbedrohlichen Zwischenfällen entschieden sich die meisten der Bewohner für die Flucht. Offiziell wurden 2009 alle verbleibenden Einwohner zur Räumung gezwungen; eine Handvoll von ihnen widersetzte sich aber und verbringt nun den Rest ihres Lebens in einer Geisterstadt über einem Höllenfeuer. Hin und wieder tut sich Erde auf und speit ein wenig Dampf, Kohlenmonoxid und Kohlendioxid aus; gelegentlich kollabiert auch der Boden, aber sonst ist die Lage weitestgehend unauffällig. Wie groß das Risiko in Centralia ist, ist schwer einzuschätzen. Einerseits leben wenige Menschen nun schon Jahrzehnte mit dem Feuer unter ihrem Boden – andererseits würde man nicht eine ganze Stadt dauerhaft evakuieren, wenn keine Gefahr für Leib und Leben drohte.

WAS TUN, WENN DER BODEN UNTER DEN FÜßEN HEIß WIRD?

FAZIT: Centralia liegt zweihundert Kilometer westlich von New York. Da es sich faktisch um eine Geisterstadt handelt, ist ein fahrbarer Untersatz ein Muss, um den Ort besuchen zu können. Ein Highway, No. 61, musste aufgrund des Brandes ein Stück weit versetzt werden. Am Ende des ehemaligen Highways kann man parken und dann die alte Stadt erkunden, idealerweise auf dem Graffiti Highway, der ehemaligen Hauptstraße, die mit »Kunst« überzogen ist. Wichtig: Hin und wieder patrouilliert die Polizei und schickt neugierige Besucher fort – also nicht erwischen lassen, insbesondere nicht mit Spraydosen im Gepäck.

◀ Highway to Hell: Die Natur erobert sich Centralia zurück, Stück für Stück, ohne Rücksicht auf die wertvollen Graffiti.

EINZELFALL

BERLIN, DEUTSCHLAND

KOSTEN **GEFAHR** **SPEKTAKEL**

1945 endete der Zweite Weltkrieg für Deutschland. Die Befreiung setzte einen Schlussstrich unter das dunkelste Kapitel der deutschen Geschichte. Und zugleich war 1945 das Jahr, in dem das zweitdunkelste Kapitel begann: nämlich mit dem Beschluss, Berlin wiederaufzubauen. An den Folgen dieser katastrophalen Fehlentscheidung leidet Deutschland bis heute.

Wer sich als deutscher Bundesbürger auf eine Armuts-Safari nach Berlin begibt, staunt nicht schlecht darüber, wie seine Steuergelder hier alternativ angelegt werden. Seit 1995 nimmt Berlin am Länderfinanzausgleich teil, überraschenderweise ausschließlich als Empfänger. In den ersten zwanzig Jahren erhielt Deutschlands erfolglosestes Bundesland – inflationsbereinigt – knapp siebzig Milliarden Euro zusätzlich, um sein sozialistisches Planspiel zu finanzieren, ganz realistisch auf Kosten anderer. Das ist nötig, denn aus Berlin selbst kann kein Geld kommen – einer von fünf potenziell Erwerbstätigen ist auf Hartz IV, bei den Kleinkindern unter drei Jahren ist es schon jedes Dritte. Diejenigen, die ein eigenes Einkommen erwirtschaften, hinken dem deutschen Schnitt weit hinterher.

Während alle europäischen Hauptstädte zum Wohlstand ihrer Nation beitragen – und das teilweise in gravierendem Maße –, ist der innerdeutsche Marshall-Plan gescheitert, mit der Beförderung Berlins zur Hauptstadt einen wirtschaftlichen Impuls zu setzen. Die Stadt ist weit und breit die einzige Hauptstadt, die ihrem Land finanziell schadet, und bleibt für den Rest der Nation so hilfreich wie ein Anruf beim Bumsen. Größte Errungenschaft Berlins bleibt der Anspruch, als Erstes in Kuhdarm gepresste Fleischreste mit Curry-Ketchup ertränkt und das Ganze als hippe Delikatesse vermarktet zu haben.

Berlins Ex-Bürgermeister Wowereit, langjähriges SPD-Partymitglied, fasste einst sein Verhältnis zu Berlin in den knappen Worten zusammen: Berlin sei »arm, aber sexy«. Die Armut ist kaum zu leugnen, doch ist die zweite Hälfte des Statements falsch. Zu behaupten, Berlin sei sexy, ist genauso, wie zu behaupten, eine Crack-Abhängige auf dem Babystrich sei sexy. Es mag Leute geben, die so denken, aber wenn es nicht schon objektiv falsch wäre – was es ja ist –, dann zumindest moralisch. Weite Teile von Berlin sind so heruntergekommen, dass es nur eine Frage der Zeit ist, bis Bob Geldof nach Äthiopien reist, um dort ein Benefizkonzert für die völlig verwahrloste Hauptstadt Deutschlands auf die Beine zu stellen. Gerüchten zu Folge sitzt Bono bereits eifrig an einer neuen Komposition.

Das Berliner Credo, für möglichst viel Geld möglichst sinnlose Politik zu betreiben und sich dabei möglichst überlegen zu fühlen, sorgt für einen farbenfrohen Blumenstrauß an kultureller Bereicherung, getreu dem Motto »Mogadischu ist überall«. Beispielsweise ist die Erlebniskultur der Berliner Verkehrsbetriebe mittlerweile weit über die Landesgrenzen hinaus berühmt – und das schließt Videoaufnahmen ein, auf denen wartende Passanten spontan zusammengeschlagen werden, eine junge Frau einfach mal so eine Treppe hinabgetreten oder ein Obdachloser angezündet wird. So schaut die Berliner Wohlfahrt aus: Gib einem Obdachlosen eine Suppe, und ihm ist warm für eine Stunde. Zünde ihn an, und ihm ist für den Rest seines Lebens warm!

Jeder Ausflug nach Berlin wird so zu einem Abenteuer mit ungewissem Ausgang. Selbst Leuten, die sich nicht für Drogen, Clans und Kleinkriminalität begeistern können, sind die lokalen No-go-Areas ein Begriff. Weil die Justiz so überfordert ist, ist etwa am Görlitzer Park der Besitz von kleinen Mengen an Drogen wieder straffrei. Dass sich hier der größte Drogenumschlagplatz Berlins befindet und sogar schon Todesopfer zu beklagen waren, ist nebensächlich. Entscheidend ist, dass die Statistiken kein strukturelles Problem aufzeigen, sondern nur Einzelfälle. Und das ist auch gut so!

▾ »Toll. So hip, so kultig, so weltoffen. Aber wo ist meine Geldbörse?«

FAZIT: Zugegeben, spektakulär ist anders. Tagsüber an einer belebten Straße gibt es in Berlin kein sonderlich großes Risiko, von vagabundierenden Lkws einmal abgesehen, die von Leuten gefahren werden, die die Berliner Polizei schon ein Dutzend Mal verhaften hätte müssen.

Aber hundertprozentige Sicherheit kann es eben nicht geben! Wer sich noch deutlich weniger als 100 Prozent wünscht, dem sei ein ausgiebiger Spaziergang im Görlitzer Park empfohlen. Für den mobilen Gast finden sich maximale Chancen auf unangemessene Interaktion auf der Linie S8. Frauen, die so wertkonservativ sind, dass sie den Vater ihrer Kinder kennen wollen, sollten allerdings keinesfalls in der Bahn einschlafen.

Alles wenig glamourös, aber dafür zumindest billig: Berlin ist leicht zu erreichen, mit dem Auto, der Bahn, dem Fernbus oder einem Billigflieger.

EINSAMKEIT

POINT NEMO, PAZIFIK

KOSTEN **GEFAHR** **SPEKTAKEL**

Mitten im Südpazifik liegt Point Nemo – der Punkt auf der Erdoberfläche, der am weitesten vom Festland entfernt liegt. Von hier aus sind es mindestens 2.688 Kilometer, bis man wieder festen Boden unter den Füßen hat.

Was es hier zu sehen gibt? Im wahrsten Sinne des Wortes: nichts. Der Ozean sieht genauso aus wie Hunderte Kilometer weiter. Und anders als in Küstennähe gibt es selbst unter Wasser nicht viel zu bestaunen: Der Ozean ist tief, aber durch seine Entfernung vom Land und ungünstige Strömungen so nährstoffarm, dass es kaum Leben gibt.

Das mag zunächst trostlos klingen – und doch ist Point Nemo regelmäßige Destination von Kreuzfahrtschiffen, die die Inseln des südlichen Pazifiks abklappern. Wenn sie diesen ozeanischen Pol der Unzugänglichkeit erreichen, sind die ISS-Astronauten in der Umlaufbahn der Erde die nächsten Menschen. Dieser Pol liegt nicht nur weitab vom Land, sondern auch von den wichtigen Handelsrouten. Die Gegend zählt damit – in jeder Hinsicht – zu den einsamsten auf der Welt.

Solange man sich auf einem modernen Kreuzfahrtschiff hierhinbegibt, liegt das größte Risiko der Reise darin, dass der Champagner ausgeht, bevor man das Festland erreicht. Spannender ist die Frage, was den einsamen Segler erwarten würde. Nehmen wir also an, der Reisende auf dem Luxusdampfer wird aufgrund ungebührlichen Verhaltens am Point Nemo mit einem Glas eingelegter Gurken und einer Handvoll Kreuzworträtsel auf einem Ruderboot ausgesetzt – wie geht es weiter?

In südlicher Richtung ist das nächste Fleckchen Land die Insel Maher Island, nur wenige Kilometer vor der antarktischen Küste gelegen. Damit wäre allerdings wenig geholfen – weit und breit gibt es hier weder Menschen noch Proviant, ganz abgesehen davon, dass es die meiste Zeit des Jahres eher schattig ist.

Besser scheint daher die Option, gen Norden zu reisen. In leicht westlicher Richtung erwartet einen Ducie Island, ein kleines, unbewohntes Atoll. Hier gibt es nur spärliche Vegetation, aber immerhin Unmengen von Vögeln, die einem Gesellschaft leisten, bis alle Jubeljahre ein Segelschiff vorbeikommt. Wer menschlichen Kontakt wünscht, muss noch gute 500 Kilometer weiter nach Westen rudern, bis er auf Pitcairn Island trifft – die Insel, auf der die Erben der Meuterer der Bounty ihr Dasein fristen. Ob das ein weises Ziel ist, hängt allen voran vom Alter ab – wenn es Pitcairn mal in die Zeitung schaffte, dann deshalb, weil die Insel zu den letzten Orten auf der Welt gehörte, an denen man noch von Staat und Gesellschaft unbehelligt Sex mit Kindern haben konnte.

Dritte – und letzte – Option ist die Flucht nach Norden, aber mit Drall gen Osten. Dort trifft man dann auf das Motu Nui, ein Eiland in Schwimmweite vor der Osterinsel. Von dort aus ist die Rückkehr in die Zivilisation dann ein Leichtes – und wer kann schon von sich behaupten, zur Osterinsel geschwommen zu sein?

FAZIT: Ein Risiko ist Point Nemo nur für diejenigen, die sich auf Schiffen hierhinbegeben, die nicht hochseetauglich sind oder unzureichend ausgestattet, allen voran mit reichlichen Vorräten an Trinkwasser. Zudem ist Geduld gefragt – egal wo man startet, Point Nemo ist weit weg, und die Kinder auf der Rückbank des Paddelbootes werden mehr als einmal fragen, wann sie endlich da sind.

Zugleich ist Point Nemo auch nahe der vermuteten Position der versunkenen Stadt R'lyeh, die in den Werken H. P. Lovecrafts als Ruheort des übernatürlichen Wesens Cthulhu referenziert wird. Dabei bezieht sich Lovecraft auf das »Necronomicon«, das wichtigste Werk des verrückten Arabers Abdul Alhazred, der uns garantiert nicht anlügen würde. Stoßen Sie also bei Ihrer Rundreise auf eine grässliche, verlassene Stadt mit nichteuklidischer Architektur, achten Sie darauf, nicht versehentlich den dort ruhenden Cthulhu zu wecken, der sich dann berufen fühlen würde, seine (erneute) Schreckensherrschaft über die Erde auszuüben.

▲ Fun Fact: Das Meer am Point Nemo hat verblüffende Ähnlichkeit mit dem Atlantik südlich von Teneriffa.

GIFTSPINNE

SYDNEY FUNNEL-WEB SPIDER, AUSTRALIEN

KOSTEN €€€ **GEFAHR** 💣💣 **SPEKTAKEL** ✸✸✸

Vor kaum etwas haben so viele Menschen so viel Angst wie vor Spinnen. Dabei ist diese Furcht zumeist unbegründet: Für den Menschen gefährlich sind die wenigsten der achtbeinigen Untermieter. Doch auch hier gilt, dass die Regel von der Ausnahme bestätigt wird.

Wer Interesse an schmerzhaften Spinnenbissen hat, ist mit einem Besuch in Südamerika bestens beraten. In den dortigen Wäldern ist die brasilianische Wanderspinne daheim, die – wie ihr Name bereits suggeriert – gerne auf Wanderschaft geht und dabei auch den Lebensraum der dort anwesenden Menschen kreuzt. Die Bisse dieser als aggressiv geltenden Spinne sind äußerst schmerzhaft und können schwerste Reaktionen hervorrufen, von Gliedmaßen, die halb verfaulen, bis hin zu in mehrfacher Hinsicht unangenehmen Dauererektionen.

Wer sich damit noch nicht zufriedengeben mag, ist jedoch in Down Under – präziser gesagt in Sydney – bestens aufgehoben. Die Gegend rund um Australiens größte Stadt ist nämlich Heimat der giftigsten Art von Achtbeiner, die diesen Planeten bevölkert. Zudem ist Sydney eine äußerst attraktive Stadt und bietet eine der wenigen Gelegenheiten, bei denen man eine reizvolle Städtereise mit maximaler Gefahr verbinden kann.

Die Spezies, von der hier die Rede ist, nennt sich *Sydney funnel web spider*. Es handelt sich um eine Trichternetzspinne von bis zu zehn Zentimetern Größe, die in der Region rund um Sydney beheimatet ist und dort – aufgrund der recht hohen Bevölkerungsdichte – immer wieder mit Menschen zusammenstößt. Gerne passiert dies bei der Gartenarbeit (etwa, wenn auf dem Boden liegendes Laub eingesammelt wird) oder nach starken Regenfällen, wenn die Spinne durch Überflutung aus ihren Bauten genötigt wird, um kurz darauf in einem Wohnzimmer aufzukreuzen. Wenig überraschend sind Kinder besonders gefährdet.

Der Fairness halber sei gesagt, dass Bisse dieser Spinne heutzutage relativ selten sind. Diejenigen, die das Glück dennoch hatten, berichten von einem extrem schmerzhaften Biss. Kein Wunder, denn die Fangzähne der Spinne sind groß und stark genug, um einen menschlichen Fußnagel zu durchdringen. Fühlen sie sich bedroht, beißen sie gleich mehrmals zu und nutzen das komplette verfügbare Gift.

ZWEI STUNDEN NACH DEM – ÜBRIGENS ÄUSSERST SCHMERZHAFTEN BISS – LASSEN DIE SCHMERZEN DANN NACH.

ALLERDINGS FÜR IMMER.

Nach einem Biss verbleiben rund dreißig Minuten, bis die Symptome – Kreislaufschwäche, Atemschwierigkeiten, Durchfall, Erbrechen – einsetzen. Wird nicht rasch nach dem Biss ein Gegengift verabreicht, setzt das Ableben rund ein bis zwei Stunden nach dem Biss ein. Und genau dieses Gegengift relativiert das Risiko eines tödlichen Spinnenbisses erheblich: Das Verbreitungsgebiet der *Sydney funnel web spider* ist, wie beschrieben, extrem dicht besiedelt. Der Weg zum nächsten Krankenhaus ist nie fern, und das Gegengift ist glücklicherweise überall verfügbar und gilt als höchst effektiv.

▸ Zum Glück ist die Sydney funnel web spider auch für den Laien leicht zu erkennen.

FAZIT: Ohne eine Killerspinne wäre dieses Buch einfach nicht komplett. Daher bietet es sich an, das Angenehme (Sydney) mit dem Nützlichen (Giftspinne) zu kombinieren. Zwar relativiert das Gegengift das Risiko deutlich, aber der Nervenkitzel bleibt ja dennoch da: Australien bietet mehr als genug riesige Spinnen, bei deren plötzlichem Auftauchen man einen Herzanfall in Erwägung ziehen kann. Und, wer weiß, vielleicht ist eine von ihnen auch giftig? Für den maximalen Effekt bietet sich ein barfüßiger Spaziergang durch den Busch rund um Sydney an.

ABSTURZ

CERRO TORRE, ARGENTINIEN

KOSTEN **GEFAHR** **SPEKTAKEL**

Welche Kletterroute ist die schwierigste der Welt? Eine vermeintlich einfache Frage, auf die es aber eine Unzahl an Antworten gibt. Zunächst kommt es drauf an, auf welchem Untergrund man klettert – Eis oder Fels? Im Winter oder im Sommer? Zum Sport oder zum Besteigen eines Berges? Für jede Kategorie existieren eigene Schwierigkeitsgrade, deren Skalen – wie sollte es anders sein – von Land zu Land variieren. Davon ganz abgesehen, werden mit schöner Regelmäßigkeit neue Routen erst entdeckt und dann begangen, so dass auch existierende Ranglisten durchgemischt werden.

▾ So sieht er meistens nicht aus, der Cerro Torre, sondern von dichten Wolken umhüllt.

Da zumindest Zentraleuropa heutzutage gut erschlossen ist, müssen immer extremere Routen gefunden oder bekannte unter erschwerten Bedingungen erklettert werden. Wer einmal feuchte Hände bekommen möchte, kann sich im Internet die Speed Climber anschauen, die etwa die Nordwand des Matterhorns in weniger als zwei Stunden hinaufklettern bzw. -rennen. Aus Zeitgründen natürlich ohne Sicherung – obwohl allein am Matterhorn jedes Jahr mehr als genug Menschen verunglücken, selbst wenn sie am Seil gehen.

Das Ende vom Lied ist, dass wenig Konsens darüber herrscht, welcher Berg oder welche Wand die größte Herausforderung bietet. Zumindest beim alpinen Klettern im Gebirge gibt es jedoch einen international anerkannten Favoriten – Cerro Torre in Patagonien.

Cerro Torre ist eine unwahrscheinliche Felsnadel, deren glatter Fels sich nahezu senkrecht in die Höhe streckt. Kurz vor dem Gipfel, auf 3.128 Metern Höhe über dem Meer, befindet sich zumeist ein überhängender Pilz aus Eis, der jederzeit abzubrechen droht. Um den eigentlichen Berggipfel zu erreichen, muss also um den Pilz herumgeklettert werden – ein extrem riskantes Unterfangen. Dem patagonischen Wetter sei Dank, ist eine Besteigung die meiste Zeit des Jahres von stürmischen Winden begleitet.

Auf den ersten Blick sieht Cerro Torre unbesiegbar aus; selbst erfahrene Alpinisten beschrieben ihn einst als »unmöglichen Berg«. Eine angebliche Erstbesteigung fand im Jahr 1959 statt, bei der einer von zwei Bergsteigern ums Leben kam, als sich beim Abstieg eine Eislawine löste. Da handfeste Beweise für einen Gipfelerfolg nicht vorgelegt werden konnten, kehrte der überlebende Bergsteiger, Cesare Maestri, elf Jahre nach dem Unglück zurück. Mit einem Kompressor auf dem Rücken und schlechter Laune im Gepäck machte er sich an den Aufstieg und bohrte mit großem Getöse 300 Seilhaken in die bis dato unberührte Felswand, an denen er sich Stück für Stück bis zum Eispilz unter dem Gipfel emporarbeitete – in der Bergsteigerwelt das Äquivalent eines Spiels mit gezinkten Karten. Der Kompressor hängt dort übrigens bis heute.

Seitdem ist dennoch nur einer auserwählten Gruppe von Menschen überhaupt der Aufstieg auf den »schwierigsten« Berg der Welt gelungen, mal mit mehr, mal mit weniger technischer Unterstützung und Sicherung.

DER CERRO TORRE GALT ALS »UNMÖGLICHER BERG«, ALS »SCHREI AUS STEIN«.

ER WURDE ERST BEZWUNGEN, ALS MAN IHN IN KETTEN GELEGT HAT.

DOCH BIS HEUTE IST ES NUR EINEM ERLESENEN KREIS AN BERGSTEIGERN GELUNGEN, IHN ZU ERKLIMMEN.

FAZIT: Wer kein Bergsteiger mit jahrelanger Erfahrung in Fels uns Eis ist, wird sich am Cerro Torre sicher umbringen. Und vielleicht – wie der Kompressor auch – noch Jahrzehnte später an der Felswand baumeln. Bei allen anderen stehen die Chancen immerhin gut, dass sie es in die Nachrichten schaffen, entweder wegen einer erfolgreichen Besteigung in Rekordzeit oder eines unfreiwilligen Abstiegs in Rekordzeit. Timing ist jedoch alles: Die Wetterbedingungen sind oft widrig und verhindern zumindest eine schöne Aussicht vom Gipfel. Hier muss man doppelt aufpassen, nicht einfach vom Berg geweht zu werden.

Die Anreise gestaltet sich – zumindest bis zum Ausgangspunkt des Trekkings zum Cerro Torre –überschaubar. Das argentinische Städtchen El Chaltén ist der Ausgangspunkt für alle Expeditionen in die Region rund um Cerro Torre. Am schnellsten zu erreichen ist es mit Auto oder Bus aus der nächstgrößeren Stadt im Süden, El Calafate.

▸ Ein Erfolg der Evolution, so perfekt angepasst, dass er seit mehr als 100 Millionen Jahren unterwegs ist: das Krokodil.

KROKODILE

RAMREE ISLAND, MYANMAR

KOSTEN **GEFAHR** **SPEKTAKEL**

Krokodile und ihre Artverwandten finden sich überall dort auf der Welt, wo das Wasser gemütlich warm ist – also mehr oder weniger in den Nationen, die sich um den Äquator tummeln. Einige der Spezies, wie etwa das Nilkrokodil oder das australische Salzwasserkrokodil, gelten dabei als besonders aggressiv. Anders als bei Haifischen etwa besteht bei Alligatoren und Krokodilen kein Zweifel daran, dass Menschen auf ihrem Speiseplan stehen. Ab rund drei Metern Körperlänge werden sie für Menschen tödlich.

Ob und wie sehr Menschenfleisch für die Tiere zu einer ausgewogenen Ernährung zählt, ist dabei unklar, denn – auch hier der Gegensatz zu Haiangriffen – es existieren keine solch umfassenden Statistiken. Wenn in den USA jemand von einem Hai angegriffen wird, werden alle Zeitungen darüber berichten. Wenn in einem innerafrikanischen Staat jemand von einem Krokodil verspeist wird, erreicht diese Information vielleicht noch das Nachbardorf, aber mit Sicherheit nicht die oberste Statistikbehörde.

Aus diesem Grund ist es auch schwierig, einen einzigen Ort zu benennen, an dem das Risiko maximal ist, einem ausgehungerten Reptil zu begegnen. Aufgrund der dichten Bevölkerung am Ufer scheint das Nilkrokodil prädestiniert für den Titel des fleißigsten Menschenfressers, mit (geschätzt) mehreren Hundert Opfern pro Jahr. Für die beste Einzelleistung muss Gustave gewürdigt werden, ein Krokodil, das in seiner Heimat Burundi Berühmtheit erlangt hat, weil ihm allein 300 Angriffe zugeschrieben werden. Jeder Versuch, es zu fangen oder zu vernichten, ist kläglich fehlgeschlagen.

Die schönste Geschichte zu Krokodilen stammt aber aus Myanmar. 1945, gegen Ende des Zweiten

Weltkrieges, trieben sich japanische Truppen auf Ramree Island vor der Küste Myanmars herum. Damit zeigten sich die Briten jedoch nicht einverstanden und überraschten die Japaner mit einem Angriff. In der Hoffnung, zu ihrer Verstärkung am anderen Ende der Insel vordringen zu können, brachen sie Hals über Kopf auf zu einem sechzehn Kilometer langen Marsch durch einen Mangrovensumpf, in dem es von Krokodilen nur so wimmelt.

Bedauerlicherweise gab es damals noch keine GoPro, so dass Augenzeugenberichte der Briten die einzige Quelle sind für das, was als schlimmste Krokodilattacke aller Zeiten seinen Weg ins »Guinness-Buch der Rekorde« fand: Von den rund 1.000 japanischen Faschisten, die geflohen sind, sind nur rund 20 am anderen Ende des Sumpfes wieder herausgekrochen. Ein Teil des Rests – und hier streiten sich die Gelehrten, wie groß besagter Teil wohl sein mag – endete als Reptilienfutter. Der Augenzeugenbericht liest sich geradezu poetisch: »Die vereinzelten Schüsse im pechschwarzen Sumpf, durchstoßen von den Schreien verletzter Männer, die in den Kiefern riesiger Reptilien zermalmt wurden, und das verschwommene, zutiefst verstörende Geräusch sich windender Krokodile schuf eine höllische Kakophonie, wie sie auf dieser Erde selten erlebt wurde. Zur Dämmerung erschienen die Geier und labten sich an dem, was die Krokodile übrig gelassen hatten.«

FAZIT: Experten behaupten, eine solche große Zahl von Angriffen auf Menschen auf kleinem Raum sei unrealistisch. Ist Ramree Island also gar nicht so gefährlich? Finden Sie's raus! Nehmen Sie ihre Schwiegermutter mit auf eine Tour, auf der Sie ihr das »echte Asien« zeigen und viele Erinnerungsfotos von ihr machen, möglichst nahe am Wasser.

Die Anreise ist mittlerweile gar nicht mehr kompliziert. Von Rangoon aus ist Ramree Island eine Tagesreise mit dem Auto entfernt; mittlerweile ist die Insel über moderne Brücken ans Festland angeschlossen. Alternativ gibt es Inlandsflüge nach Kyaukpyu, direkt auf Ramree Island. Für ein möglichst authentisches Erlebnis können Sie die 16-Kilometer-Wanderung der Japaner Schritt für Schritt nachverfolgen.

SPURLOSES VERSCHWINDEN

GUANTANAMO BAY, KUBA

KOSTEN **GEFAHR** **SPEKTAKEL**

Für jemanden, der die Nachrichten nicht verfolgt, klingt es fast nach Urlaub: *Waterboarding* in Guantanamo Bay auf Kuba – wie exotisch!. In der Praxis sieht es allerdings anders aus. Einen Aufenthalt zu buchen im klassischen Sinne ist schwierig. Eher entscheiden andere über den Aufenthalt in diesem exklusiven Club – aber zumindest entstehen keine direkten Kosten.

▸ Das Dumme ist: Alle Ihre Mitinsassen sind entweder Unschuldige oder Terroristen.

Seit 2002 steht in Guantanamo Bay ein Militärgefängnis, in dem ohne rechtsstaatliche Grundlage Terrorismus-Verdächtige festgehalten werden – in einem Land, in dem die Menschenrechte mit Füßen getreten werden und von einem Land, das sich als Hüter der Menschenrechte ausgibt, nur um sie dann außerhalb seiner Grenzen mit Füßen zu treten. Es sollte stutzig machen, dass ausgerechnet ein solch wichtiger Stützpunkt nicht auf dem US-amerikanischen Festland liegt.

Die Verdächtigen werden in dieses Militärgefängnis gesteckt und können dort die nächsten Jahre in Einzelhaft verbringen. Um Geständnisse zu erpressen, werden dabei von der CIA *»enhanced interrogation techniques«* verwendet – Neusprech für Folter. Dabei rückten die Behörden in den Vordergrund, es handele sich ausschließlich um »weiße« Foltermethoden, also solche, die ausdrücklich keinen körperlichen Schaden anrichten, also quasi vollkommen harmloser Spaß sind. Dazu zählen neben dem bereits bekannten *waterboarding* – also dem simulierten Ertrinken – der komplette Entzug von externen Reizen, der Schlafentzug oder die Beschallung mit nervtötender Musik wie Eminems »The Real Slim Shady« in einer zwanzigtägigen Dauerschleife.

Wer bis zu diesem Zeitpunkt noch kein Bedürfnis hatte, Flugzeuge in Hochhäuser zu fliegen, wird durch diese Kur sicherlich bekehrt.

Von denen, die nach Wochen, Monaten oder Jahren die Freiheit zurückerlangt haben, kommen allerdings Berichte, die eher an den klassischen Folterkeller erinnern. Dort wurden Gefangene angeblich an den Armen aufgehängt, »rektal gefüttert« (= vergewaltigt; wer denkt sich solche Formulierungen aus?) und bis zum Punkt des Ertrinkens kopfüber in Eiswasser gehängt. Abgerundet wird dieses Programm durch regelmäßige Tritte in die Eier.

All das geschieht unter strenger ärztlicher Aufsicht von einem Möchtegern-Mengele, versteht sich, man will ja nicht, dass das Subjekt ernsthaft verletzt wird, bevor es nackt sein »Geständnis« unterschreiben kann. Wenn das nicht Erinnerungen ans finstere Mittelalter hervorruft – was dann?

Zugleich versucht man, einen Anschein von Humanität zu wahren – 2012 eröffnete man für die Gefangenen medienwirksam einen nagelneuen Basketballplatz, gebaut für eine knappe Million Dollar, um das penetrante Genörgel der Menschenrechtsorganisationen abzustellen.

FAZIT: Wer auf eigene Faust nach Guantanamo Bay möchte, muss dazu in den äußersten Südosten Kubas reisen. Als Ausgangspunkt bietet sich Holguín an. Der Reisende sei aber vorgewarnt, dass Kuba mit all seinen Eigenheiten schwierig zu bereisen ist – ein Auto zu mieten und ungestört herumzufahren könnte ja antisozialistische Tendenzen implizieren.

Ein Teil der Bucht südlich von Guantánamo, in dem auch der Folterkeller liegt, ist seit über 100 Jahren an die USA vermietet. Näher als einen Kilometer wird man an dieses Gelände kaum herankommen – zumindest nicht ohne Konsequenzen. Wer seine Chance maximieren will, als Gast auserwählt zu werden, tut gut daran, möglichst braun zu sein, einen Bart zu tragen und sich regelmäßig in Pakistan aufzuhalten.

MILZBRAND

GRUINARD ISLAND, SCHOTTLAND

KOSTEN | GEFAHR | SPEKTAKEL

Im Verlauf des Zweiten Weltkrieges wurden die Briten nervös. Gerüchte über höchst wirksame Biowaffen der deutschen Gegner machten die Runde, während das eigene Biowaffenprogramm sich noch in der Entwicklung befand. Eine schnelle Lösung musste her – und sie fand sich in Form von Gruinard Island, einem winzigen Eiland der Inneren Hebriden vor der Westküste Schottlands.

Um die Wirksamkeit der eigenen Waffen zu testen, führte man 80 ahnungslose Schafe auf

die Insel und zündete dann kleinere Sprengkörper, die die Herde mit einer Substanz mit dem vielversprechenden Namen Vollum 14578 einnebelte. Dabei handelte es sich um einen höchst aggressiven Stamm von Milzbranderregern. Innerhalb weniger Tage verendeten alle Schafe; ihre Überreste mussten unter strengsten Sicherheitsvorkehrungen verbrannt werden.

Das Ziel des Ganzen: Der Test eines Wirkstoffes, der ganze deutsche Städte auf Jahrzehnte hinaus unbewohnbar machen sollte. Glücklicherweise wurden diese Waffen im Krieg nicht eingesetzt, denn sie hätten ihr Ziel mühelos erreicht. Die Erreger erwiesen sich nämlich als extrem widerstandsfähig und kontaminierten die Insel für die kommenden Jahrzehnte. Ob die Engländer bewusst Schottland für ihre Experimente auswählten, ist nicht überliefert, aber offiziell gab die Abgeschiedenheit der Insel den Ausschlag.

Erst als eine mysteriöse Gruppe mit dem Decknamen Operation Dark Harvest im Jahre 1986 begann, Bodenproben der Insel – einige von ihnen mit Anthrax verseucht – an diverse Behörden zu versenden, rückte Gruinard Island in den Fokus der Aufmerksamkeit. Noch im gleichen Jahr begannen ganz spontan die Versuche, die Insel zu dekontaminieren: Die obersten Schichten Erde wurden abgetragen, zudem wurden 280 Tonnen Formaldehyd ausgebracht, um eventuell überlebende Erreger zu vernichten.

Am Ende des Projektes musste wieder eine Herde Schafe als Versuchskaninchen herhalten. Sie wurden auf die Insel gebracht, und da bis 1990 keines von ihnen an Milzbrand starb, wurde die Insel wieder als »sicher« eingestuft und an den ursprünglichen Besitzer zurückverkauft.

Allerdings: Während die eigentlichen Bakterien nicht sonderlich widerstandsfähig sind, sind es ihre Sporen umso mehr. Unter geeigneten Bedingungen können Milzbranderreger Jahrzehnte, wenn nicht gar Jahrhunderte überleben – und geeignete Bedingungen finden sich etwa im Erdreich, vor der fahlen Sonne Schottlands geschützt … Praktischerweise sind die ersten Symptome des Milzbrands herzlich unspezifisch. Bis man als Betroffener realisiert, dass man es nicht bloß mit einer Grippe zu tun hat, ist die Infektion bereits zu weit fortgeschritten und ein septischer Schock meist unausweichlich.

FAZIT: Bester Ausgangspunkt für eine Expedition dürfte das nordschottische Inverness sein. Von dort aus führt ein Highway nach Nordwesten, Richtung Ullapool. Vom dortigen Pier aus sind es noch ein paar Kilometer Bootsfahrt durch die schottischen Förden, bis man Gruinard Island erreicht hat. Schaufel nicht vergessen – falls hier ein Schatz vergraben ist, liegt er unter der Erde. Wer nur aus der Entfernung schauen möchte, kann das gleichnamige Dorf Gruinard ansteuern: Die Insel liegt bloß einen Kilometer vor der Küste.

▾ Was auf dieser unscheinbaren Insel getestet wurde, ist genauso verheerend wie Atombomben.

LIMNISCHE ERUPTION

NYOS-SEE, KAMERUN

KOSTEN **GEFAHR** **SPEKTAKEL**

Der Nyos-See, ein kleiner See im tiefen Hinterland Kameruns, war Schauplatz der wohl merkwürdigsten Naturkatastrophe der Neuzeit. Menschen, die in den Tagen nach dem Unglück in der Region unterwegs waren, dürften ihren Augen kaum getraut haben, denn jedes Lebewesen im Umkreis mehrerer Kilometer um den See herum – ob Mensch oder Tier – lag leblos am Boden, ohne Zeichen von Gewalteinwirkung und ohne sichtbare Verletzungen. Als seien sie alle zum gleichen Zeitpunkt von der Müdigkeit überwältigt worden, egal was sie gerade taten. In einer Weltregion, die regelmäßig von hochgefährlichen Viren überrollt wird, ein denkbar beunruhigendes Szenario. Insgesamt ließen 1.746 Menschen und noch einmal doppelt so viele Nutztiere innerhalb kürzester Zeit ihr Leben – allesamt durch spontan aus dem See austretendes Gas.

Der Nyos-See ist einer von nur drei (bekannten) Seen weltweit, die mit Kohlendioxid gesättigt sind. Durch unterirdische vulkanische Aktivität reichert es sich im Wasser an, doch anders als bei zahlreichen anderen vulkanischen Seen kann es nicht einfach austreten. Das Wasser im Nyos-See liegt üblicherweise so still, dass sich verschiedene Schichten mit unterschiedlichen Temperaturen bilden können, von denen die unterste – als kälteste – am meisten CO_2 aufnehmen kann.

Dieses höchst fragile System wurde am 21. August 1986 empfindlich gestört, vermutlich durch ein Erdbeben oder einen kleineren Erdrutsch. Der Effekt war in jedem Falle ähnlich dem Mentos, das in die Cola-Flasche fällt: Innerhalb von nur zwanzig Sekunden entluden sich 1,2 Millionen Kubikmeter des geruchslosen, aber lebensbedrohlichen Gases. Eine Fontäne schoss rund 100 Meter in die Höhe, zudem bildete sich ein kleiner Tsunami, und das Wasser im See änderte seine Farbe von tiefblau zu rostrot. Das entweichende Kohlendioxid breitete sich zügig aus und erstickte jedes Leben im näheren Umkreis, und selbst in 25 Kilometern Entfernung waren noch Opfer zu beklagen. Umso tragischer, da sich am nahe gelegenen Manoun-See nur zwei Jahre vorher das Gleiche ereignet hatte – wenn auch mehrere Hausnummern kleiner.

NIEMAND WEIß, OB UND WANN DER SEE WIEDER IN DIE LUFT GEHT.

Nach der Katastrophe wurde begonnen, den See künstlich zu entgasen. Zu diesem Zweck führt ein Rohr in die Tiefen des Sees, von wo aus mit Gas gesättigtes Wasser in einer hübschen Fontäne kontrolliert austreten kann. Allerdings droht neues Ungemach, denn eine der Felswände, die den See umschließt, droht wegzubrechen – der Effekt wäre erneut eine spontane Entgasung. Auch beim Kiwusee, dem See an der Grenze zwischen Ruanda und der Demokratischen Republik Kongo, droht das mit Methan und CO_2 gesättigte Wasser zu »explodieren« – geologische Analysen legen nahe, dass es rund alle tausend Jahre zu einem derartigen Ereignis – limnische Eruption genannt – kommt. In dieser dicht besiedelten Region wären die Folgen allerdings um ein Vielfaches fataler. Da der See jedoch zu den größten in ganz Afrika zählt, ist eine effektive Kontrolle kaum möglich. Ähnlich wie in Neapel, wo man den Vesuv vor der Haustür hat, hofft man einfach, dass nichts passieren möge.

FAZIT: Sei es am Nyos-See oder am Kiwusee, eine gehörige Portion Pech gehört schon dazu, um im richtigen bzw. falschen Moment vor Ort zu sein. Wenn es aber zu einem Ausbruch kommt – und der kommt ohne Ankündigung –, sind die Überlebenschancen gering. Allenfalls der Hinweis hilft, dass die giftigen Gase schwerer sind als Luft und sich entsprechend am Boden und in tiefergelegenen Regionen anreichern. Wer überleben möchte, muss also auf einen Baum oder einen Berg klettern, und das zügig.

Es gibt Ziele, die sind einfacher zu erreichen. Der Nyos-See liegt im abgelegenen Norden Kameruns. Von der Hauptstadt Douala sind es über vierhundert Kilometer durch das grüne Herz Afrikas bis nach Wum, dem größten Ort in der Nähe des Sees, dessen Nordufer man von hier aus ohne größere Schwierigkeiten erreichen kann. Wer auf Nummer sicher gehen möchte, nimmt ein paar Flaschen Sauerstoff mit und ein Fahrrad – das Auto wird nämlich in CO_2-gesättigter Luft nicht mehr funktionieren.

▾ Solange die Fontäne sprudelt, wird der See entgast. Aber geschieht es schnell genug?

▼ Der Nyos-See, Schauplatz der merkwürdigsten Naturkatastrophe der Neuzeit

BISSWUNDE

KOMODO, INDONESIEN

KOSTEN €€€€ **GEFAHR** 2/5 **SPEKTAKEL** 4/5

Komodowarane sind Arschlöcher.

Aber: Faszinierende Arschlöcher. Sie werden häufig (wie Krokodile und Artverwandte) als die letzten verbleibenden Dinosaurier bezeichnet. Und genau wie bei Krokodilen und Artverwandten ist Vorsicht geboten, denn der Kontakt mit Komodowaranen kann schnell unangenehm werden, zumal sie schneller rennen können als Menschen.

Bei den Waranen, die auf einigen indonesischen Inseln östlich von Bali daheim sind, handelt es sich um die größten Eidechsen auf der Welt. Sie können bis zu drei Meter lang werden und bis zu siebzig Kilogramm schwer.

Obwohl die Warane gründlich erforscht wurden und werden, entdeckt die Wissenschaft immer Neues an ihnen. Lange Zeit ging man davon aus, dass Warane ihre Beute auf recht perverse Art jagen: Sie versuchen einem Beutetier bloß einen einzigen Biss zu verabreichen, um dann abzuwarten. Der im Speichel enthaltene Cocktail an Bakterien würde schon dafür sorgen, dass die Wunde sich infiziert und die Beute nach wenigen Tagen hilf-, kraft- und wehrlos aufgefressen werden kann. Anders als die meisten anderen Jäger machen sich die Komodowarane übrigens nicht die Arbeit, ihre Opfer vor dem Konsum umzubringen – sie werden einfach bei lebendigem Leib aufgefressen, sobald sie keinen Widerstand mehr leisten können. Doppelt tragisch, wenn ein solch elegantes, nichts ahnendes Wildtier bei vollem Bewusstsein in mundgerechte Stücke zerfetzt wird.

Jüngere Forschungsergebnisse legen jedoch nahe, dass die Theorie des bakterienversuchten Speichels nicht gehalten werden kann. Es scheint, als würden sich die Wunden eher über das fäkalienreiche Wasser rund um die Inseln Indonesiens infizieren. Doch damit nicht genug: Auch fand man Indizien dafür, dass die Warane auf ganz herkömmliche Weise giftig sind, wobei bis heute nicht geklärt ist, ob und wie bedeutend solches Gift (welches die Blutgerinnung verhindert) für die Jagd sein könnte.

KOMODOWARANE SIND ENGE VERWANDTE DER DINOSAURIER, DIE BIS IN DIE NEUZEIT ÜBERLEBT HABEN.

ENTSPRECHEND SIND IHRE TISCHMANIEREN: WIE MAN ES AUS »JURASSIC PARK« KENNT, WIRD DIE BEUTE BEI LEBENDIGEM LEIB AUFGEFRESSEN.

AUßERDEM GIBT ES HIER SCHÖNE STRÄNDE.

Gemessen an der Zahl an Touristen, die die Komodowarane jedes Jahr besuchen, ist die Zahl der Zwischenfälle lächerlich gering. Allerdings ist sie nicht null: 2007 halbierten Warane einen Achtjährigen. 2009 fielen sie über einen erwachsenen Mann her, der den Angriff ebenfalls nicht überlebte. Und so manch andere Story liest sich wie aus einem Horrorfilm, etwa die von der Tauchergruppe, die von einer Strömung erfasst wurde und 40 Kilometer weiter auf einer vermeintlich verlassenen Insel strandete. Hier wurden sie von einer Population von über 1.000 hungrigen Waranen begrüßt, die sie sich für die nächsten 48 Stunden mit Stock und Stein vom Leib halten mussten, bis sie per Zufall gerettet werden konnten.

▸ Ist er giftig oder nicht? Zeit, es herauszufinden.

FAZIT: Weniger gefährlich als Krokodile, aber dafür kriegt man mehr davon mit, wie man als Lunchpaket endet. Mit einem grundlegenden Maß an Leichtsinn steht dem blutigen Ableben auf einer paradiesischen Insel Indonesiens nichts entgegen. Wichtig ist bloß, dass man sich möglichst allein bewegt, zumindest aber ohne professionellen Guide.

Die einfachste Möglichkeit, Komodowarane in freier Wildbahn zu erleben, findet sich im gleichnamigen Nationalpark. Dieser kann mit Schiff oder Flugzeug von Bali aus schnell erreicht werden. Da Indonesien ein recht günstiges Reiseland ist, können andere Trips nach Wunsch zusammengestellt werden, ohne dass man dafür ein Vermögen löhnen muss.

So harmlos schaut sie aus, die wohl gefährlichste Stadt der Welt.

MORD UND TOTSCHLAG

SAN PEDRO SULA, HONDURAS

KOSTEN €€€ **GEFAHR** 💣💣💣💣 **SPEKTAKEL** ✸

Zentralamerika ist, auch mit viel Fantasie, kein besonders sicherer Fleck auf der Weltkarte. Statistiken der UN belegen, dass hier zwar nur 8 Prozent der Weltbevölkerung leben, aber zugleich 42 Prozent aller globalen Morde begangen werden. Innerhalb Mittelamerikas ist Honduras das – mit deutlichem Abstand – aggressivste Land, und inmitten von Honduras liegt San Pedro Sula, die – mit erneut deutlichem Abstand – aggressivste Stadt der kleinen Nation.

Mit 187 Tötungsdelikten pro 100.000 Einwohner schoss San Pedro Sula im Jahre 2013 erstmals auf die Pole Position der internationalen Rangliste – und trug für mehrere Jahre den undankbaren Titel der »Mordhauptstadt der Welt«. Das Risiko, hier durch Gewalt sein Leben zu lassen, ist um den Faktor 234 höher als in Deutschland. Grund genug, eine Reiseversicherung abzuschließen und nach dem morgendlichen Aufwachen zu prüfen, ob noch alle Nieren vorhanden sind.

HARTE DROGEN UND EXTREME ARMUT SIND ALLTAG IN DER MORDHAUPTSTADT DER WELT – HIER ZÄHLT EIN MENSCHENLEBEN WENIG.

Die Gründe für die eskalierende Gewalt sind vielfältig, aber keineswegs einzigartig. Einst verdiente man hier mit dem Handel von Bananen gutes Geld, doch dieser Wirtschaftszweig fiel dem bislang verheerendsten Hurrikan der Geschichte zum Opfer – eine Katastrophe, von der sich die Stadt nie vollständig erholen konnte. Dann wurde es schlimmer, bevor es besser wurde: Honduras machte 2009 eine schwere Staatskrise durch, Putsch inklusive. Deren wirtschaftliche Folgen trafen das ohnehin arme Land schwer und wirken bis heute nach. Eine fatale Eskalation als Folge spontaner Eigentumsübertragung gehört seither zur Tagesordnung. Genauso liegt das Land auf der wichtigsten Transitroute für südamerikanische Drogen, die zum Konsumenten im Norden gebracht werden müssen: Hier kämpfen lokale Gangs ruchlos um ihren Einfluss. Je erfolgreicher Mexiko gegen die Drogenbanden vorgeht, desto weiter verlagern sie sich in den Süden. Die massive Korruption – auch bei der Polizei – tut ihr Übriges (insofern dürfen die oben genannten Raten auch eher als Minimalwerte interpretiert werden).

Ähnlich desaströse Rahmenbedingungen und Mordraten findet man sonst nur in Kriegsgebieten. In San Pedro Sula ist es »normal«, dass man sich nach Einbruch der Dunkelheit nicht nach draußen traut. Es ist »normal«, dass die lokalen Hotels mit Maschinenpistolen bewacht werden. Es ist »normal«, dass Autos ohne Kennzeichen, aber dafür mit abgedunkelten Scheiben fahren. Es ist »normal«, Schießereien zu hören. Und ebenso »normal« ist es, wenn morgens mal eine Leiche auf der Straße liegt.

FAZIT: Honduras bietet einiges an interessanten Sehenswürdigkeiten – allerdings wenig, was sich nicht auch in benachbarten, vielleicht etwas weniger schussbereiten Nationen finden lässt. Ob sich der Besuch einer Stadt lohnt, deren größte Attraktion ein großes Coca-Cola-Werbeschild auf einem Hügel ist, sei mal dahingestellt – wer nach San Pedro Sula reisen möchte, kann den eigenen internationalen Flughafen der Stadt nutzen und dann in ein unlizenziertes Taxi steigen, um ein einmaliges Abenteuer zu beginnen.

CHEMISCHE WAFFEN

DSERSCHINSK, RUSSLAND

KOSTEN **GEFAHR** **SPEKTAKEL**

Es gibt einige untrügliche Zeichen dafür, dass man alt wird. Etwa, dass man freiwillig früh aufsteht, unfreiwillige Geräusche von sich gibt, wenn man etwas vom Boden aufhebt, oder realisiert, welches von beiden das »schlechte« Knie ist. All dies ist uns bestens bekannt, nicht aber den Einwohnern von Dserschinsk, denn dort hat sich die Lebenserwartung seit der Altsteinzeit nur unwesentlich verbessert. Frauen sterben in dieser russischen Stadt im Schnitt mit 47 Jahren, Männer bereits fünf Jahre eher.

Der Grund für diese bemerkenswerte Statistik liegt in der Produktion von höchst giftigen Chemikalien, bei der man – der sowjetisch-russischen Tradition folgend – nicht immer höchste Sorgfalt hat walten lassen. In den Vierzigerjahren des letzten Jahrhunderts begann hier die Produktion von chemischen Waffen wie Sarin und Senfgas, und obwohl sie bereits Mitte der Sechzigerjahre eingestellt wurde, wirken die Folgen nach. Bis heute bleibt die Stadt ein wichtiger Standort der »chemischen Industrie«.

Die Entsorgung der hochgiftigen Abfälle aus mehreren Jahrzehnten ließ jedoch die nötige Professionalität vermissen. Rund 300.000 Tonnen Sondermüll wurden rund um die Stadt vergraben oder verschüttet, darunter auch in einen »weißen See«, eine Suppe, die so toxisch sein dürfte wie kaum eine andere auf der Welt. Heute noch lassen sich in den Gewässern rund um Dserschinsk Hunderte, teils hochgiftige Chemikalien nachweisen, gerne auch in einer Konzentration tausendfach über den Grenzwerten. Ob Dioxin, Blei oder Zyanid – hier gibt's alles. Und das umsonst.

Die Folge: Luft und Wasser sind extrem belastet, die Bevölkerung leidet an exorbitanten Raten von Augen-, Lungen- und Nierenkrebs. Wer nahe an einer der Produktionsstätten wohnt, hat zudem ein deutlich erhöhtes Risiko anderer Lungenkrankheiten, wie dem »chronischen Husten mit Auswurf«. Unter dem Strich liegt die Sterberate zweieinhalbmal so hoch wie die Geburtenrate. Mindestens jeder vierte Todesfall ist direkt auf die exorbitante Umweltverschmutzung zurückzuführen.

Während unabhängige, d. h. ausländische Experten zum dem Schluss kommen, dass es keinen anderen Ort auf der Welt gibt, der dermaßen vergiftet ist, betont die lokale Regierung, es gebe keine besonderen ökologischen Probleme. Nur um doch auf Nummer sicher zu gehen, wurden in den letzten Jahren die Bemühungen intensiviert, um wenigstens die schlimmsten Deponien

Der Autor dieses Werkes verspricht demjenigen, der ein Glas dieses Seewassers trinkt, fünf Euro.

zu dekontaminieren und die Lebenserwartung so zumindest auf das Niveau eines armen afrikanischen Landes anzuheben. Bis es soweit ist, trägt Dserschinsk stolz den Eintrag im »Guinness-Buch der Rekorde« als »verseuchteste Stadt der Welt«.

FAZIT: Wen man den russischen Behörden Glauben schenken kann – und warum sollte man das nicht tun? – ist ein Besuch in Dserschinsk völlig harmlos. So harmlos, dass der Zugang zur Stadt schon seit mehreren Jahren auch Ausländern gestattet ist. Wer günstig ein paar Nervengifte erstehen möchte, um sie z. B. auf eBay weiterzuversteigern, ist hier bestens aufgehoben. Allerdings – von einem längeren Aufenthalt ist in aller Deutlichkeit abgeraten, es sei denn, man möchte die eigene Lebenserwartung halbieren und seinen eigenen Körper in eine Sondermülldeponie verwandeln. Kontakt mit Senfgas etwa verursacht große, schmerzende Blasen auf der Haut, die fast unweigerlich die Amputation betroffener Gliedmaßen notwendig machen. Sarin dagegen ist ein klassisches Nervengift und verursacht so vielfältige Symptome wie Sehstörungen, »unkontrollierten Stuhlabgang« und Atemlähmung. Und das sind nur zwei von Dutzenden Chemikalien, die hier frei herumliegen und -fliegen. Die Möglichkeiten sind nahezu unbegrenzt und eine passende Behandlung so gut wie unmöglich.

Und all das, während man die legendäre russische Gastfreundschaft am eigenen Leib erfahren darf.

PARADOXON

HIER, VERGANGENHEIT

KOSTEN | GEFAHR | SPEKTAKEL

Wenn es physikalisch möglich ist, wird es früher oder später ein Mensch probieren. Egal, ob es darum ging, den höchsten Berg der Erde zu besteigen, die tiefsten Tiefen der Meere zu erforschen, die heißesten Wüsten zu durchqueren, die einsamsten Inseln zu besuchen oder zu Fuß zum Südpol zu laufen – irgendjemand möchte stets die Grenzen des Machbaren ausloten. Umso mehr schmerzt es die Menschheit, dass es mit dem Zeitreisen bislang noch nicht geklappt hat. Kaum ein anderes Thema ist in der Science-Fiction derart omnipräsent.

Dabei sind Zeitreisen zumindest in eine Richtung völlig problemlos möglich, und zwar in die Zukunft.

Zeit ist relativ und hängt von zwei Faktoren ab: Geschwindigkeit und Schwerkraft. Je schneller man sich bewegt, desto langsamer vergeht die Zeit. Das gleiche gilt für Objekte, die hoher Gravitation ausgesetzt sind. Bei den Geschwindigkeiten, die derzeit technisch möglich sind, sind die Effekte minimal und nur mit einer Atomuhr nachzuweisen – aber sie sind nachzuweisen. Auf dem Gipfel eines hohen Berges ticken die Uhren

▸ Eine falsche Bewegung in der Vergangenheit – und diese Zeitung sieht plötzlich ganz anders aus …

АШЕ ДЕЛО ПРАВОЕ. МЫ ПОБЕДИЛИ

ПРОЛЕТАРИИ ВСЕХ СТРАН, СОЕДИНЯЙТЕСЬ!

КОМСОМОЛЬСКАЯ ПРАВДА

Центрального и Московского Комитетов ВЛКСМ

(6128) Четверг, 10 мая 1945 г. ЦЕНА 20 КОП.

Великая Отечественная война заверши-лась нашей полной победой. Период войны в Европе кончился. Начался период мирного развития.

И. СТАЛИН.

седатель Совета Народных Комиссаров СССР И. В. Сталин.

Премьер-министр Великобритании У. Черчилль.

Президент США Г. Трумэн.

бращение тов. И. В. Сталина к народу

ищи! Соотечественники и соотече-ы!

пил великий день победы над Гер-Фашистская Германия, поставлен-олени Красной Армией и войсками оюзников, признала себя побеждён-б'явила безоговорочную капитуля-

был подписан в городе Реймсе пред-ный протокол капитуляции. 8 мая вители немецкого главнокомандова-рисутствии представителей Верхов-мандования союзных войск и Вер-Главнокомандования советских одписали в Берлине окончательный итуляции, исполнение которого нача-4 часов 8 мая.

волчью повадку немецких заправил, щих договора и соглашения пустой ой, мы не имеем основания верить лово. Однако сегодня с утра немец-ска во исполнение акта капитуляции массовом порядке складывать ору-даваться в плен нашим войскам. Это пустая бумажка. Это — действитель-итуляция вооружённых сил Германии. одна группа немецких войск в рай-хословакии всё ещё уклоняется от яции. Но я надеюсь, что Красной удастся привести её в чувство.

ь мы можем с полным основанием , что наступил исторический день ельного разгрома Германии, день й победы нашего народа над герман-империализмом.

кие жертвы, принесённые нами во имя ы и независимости нашей родины, слимые лишения и страдания, пере-нашим народом в ходе войны, напря-й труд в тылу и на фронте, отданный на алтарь отечества,— не прошли даром и увенчались полной победой над врагом. Вековая борьба славянских народов за своё существование и свою независимость окончилась победой над немецкими захватчиками и немецкой тиранией.

Отныне над Европой будет развеваться великое знамя свободы народов и мира между народами.

Три года назад Гитлер всенародно заявил, что в его задачи входит расчленение Советского Союза и отрыв от него Кавказа, Украины, Белоруссии, Прибалтики и других областей. Он прямо заявил: «Мы уничтожим Россию, чтобы она больше никогда не смогла подняться». Это было три года назад. Но сумасбродным идеям Гитлера не суждено было сбыться,—ход войны развеял их в прах. На деле получилось нечто прямо противоположное тому, о чём бредили гитлеровцы. Германия разбита наголову. Германские войска капитулируют. Советский Союз торжествует победу, хотя он и не собирается ни расчленять, ни уничтожать Германию.

Товарищи! Великая Отечественная война завершилась нашей полной победой. Период войны в Европе кончился. Начался период мирного развития.

С победой вас, мои дорогие соотечественники и соотечественницы!

СЛАВА НАШЕЙ ГЕРОИЧЕСКОЙ КРАСНОЙ АРМИИ, ОТСТОЯВШЕЙ НЕЗАВИСИМОСТЬ НАШЕЙ РОДИНЫ И ЗАВОЕВАВШЕЙ ПОБЕДУ НАД ВРАГОМ!

СЛАВА НАШЕМУ ВЕЛИКОМУ НАРОДУ, НАРОДУ-ПОБЕДИТЕЛЮ!

ВЕЧНАЯ СЛАВА ГЕРОЯМ, ПАВШИМ В БОЯХ С ВРАГОМ И ОТДАВШИМ СВОЮ ЖИЗНЬ ЗА СВОБОДУ И СЧАСТЬЕ НАШЕГО НАРОДА!

ПРИКАЗ

Верховного Главнокомандующего

ПО ВОЙСКАМ КРАСНОЙ АРМИИ И ВОЕННО-МОРСКОМУ ФЛОТУ

8 мая 1945 года в Берлине представителями германского верховного командования подписан акт о безоговорочной капитуляции германских вооружённых сил.

Великая Отечественная война, которую вёл советский народ против немецко-фашистских захватчиков, победоносно завершена, Германия полностью разгромлена.

Товарищи красноармейцы, краснофлотцы, сержанты, старшины, офицеры армии и флота, генералы, адмиралы и маршалы, поздравляю вас с победоносным завершением Великой Отечественной войны.

В ознаменование полной победы над Гер манией сегодня, 9 мая, в День Побед в 22 часа столица нашей Родины Москва о имени Родины салютует доблестным вой скам Красной Армии, кораблям и частя Военно-Морского Флота, одержавшим эт блестящую победу,— тридцатью артилле рийскими залпами из тысячи орудий.

Вечная слава героям, павшим в боях з свободу и независимость нашей Родины!

Да здравствуют победоносные Красна Армия и Военно-Морской Флот!

Верховный Главнокомандующий
Маршал Советского Союза И. СТАЛИН.

9 мая 1945 года. № 369.

И. В. Сталин, Франклин Рузвельт и Уинстон Черчилль в дни Тегеранской конференции.

Указ Президиума Верховного Совета СССР

Об учреждении медали «За победу над Германией в Великой Отечественной войне 1941—1945 гг.»

знаменование одержанной победы над Германией медаль «За победу над Германией в Великой Отече-войне 1941—1945 гг.».

2. Утвердить Положение о медали «За победу над Германией в Великой Отечественной войне 1941—1945 гг.».

3. Утвердить описание медали «За победу над Германией в Великой Отечественной войне 1941—1945 гг.».

Председатель Президиума Верховного Совета СССР М. КАЛИНИН.
Секретарь Президиума Верховного Совета СССР А. ГОРКИН.

ва, Кремль. 9 мая 1945 года.

(Положение о медали «За победу над Германией в Великой Отечественной войне 1941—1945 гг.» и описание ее см. на 3-й стр.)

bereits anders als im Tal, an Bord eines Flugzeugs anders als am Boden.

Sollte es in der Zukunft einmal möglich sein, mit wesentlich höheren Geschwindigkeiten unterwegs zu sein – nahe der Lichtgeschwindigkeit von über 1 Milliarde Kilometern pro Stunde – wird der Effekt allerdings äußerst relevant. Wenn man mit 99,99 Prozent der Lichtgeschwindigkeit unterwegs ist, vergeht die Zeit relativ langsamer. Für jede Minute, die man sich mit derartigem Tempo durchs All bewegt, vergehen jedoch schon siebzig Minuten auf der Erde. Mit ein wenig Geduld ist es also möglich, einige Jahre in die Zukunft zu reisen, um live dabei zu sein, wenn Roboter die Menschheit versklaven.

IN DIE ZUKUNFT ZU REISEN, IST PHYSIKALISCH MÖGLICH.

FÜR REISEN IN DIE VERGANGENHEIT GILT DAS GEGENTEIL.

ZIEMLICH SICHER, ZUMINDEST …

In die andere Richtung ist die Zeitreise wesentlich schwerer, wohl sogar gänzlich unmöglich. Ein Trip in die Zukunft braucht eigentlich nicht mehr als eine hohe Geschwindigkeit; bei Reisen in die Vergangenheit diskutieren Physiker immer noch darüber, ob sie überhaupt möglich sein könnten, benötigen dazu aber schon höchst abstrakte Konzepte wie Wurmlöcher. Pragmatischer war da der Ansatz von Stephen Hawking, der eine Party für Zeitreisende geschmissen, aber die Einladungen dafür erst ein Jahr später versendet hat. Gekommen ist niemand – und genau das ist der Punkt. Wenn die heutige Reisefreudigkeit der Menschheit auch nur im Ansatz erhalten bleibt, würde es – bei physikalischer Machbarkeit – bereits in der Gegenwart von tapsigen Touristen aus der Zukunft nur so wimmeln.

Zudem gibt es bei den Reisen in die Vergangenheit noch andere Probleme zu lösen, wie das berühmte Großvater-Paradoxon. Wer in die Vergangenheit reist und (natürlich nur aus Versehen) seinen Großvater umbringt, kann in der Gegenwart gar nicht erst losreisen, weil er dann ja überhaupt nicht geboren wurde.

Und selbst wenn doch, weiß man nie, wie man die Geschichte noch beeinflusst. Wer den Traum vieler Menschen wahrmacht und in der Vergangenheit den jungen Adolf über den Haufen schießt, bevor er seine Malerkarriere an den Nagel hängt, könnte nicht als Held in die Zukunft zurückkehren, denn die Leute würden ihn nach seinem Abenteuer bloß fragen: »Wer ist Hitler?«, um den armen Zeitreisenden dann – zum Beispiel – wegen antisowjetischer Aktivitäten in den Gulag nach Bielefeld zu schicken.

FAZIT: Wer in die Zukunft reisen möchte, sollte sich möglichst zügig daranmachen, einen entsprechenden Antrieb zu entwickeln. Dann steht dem Abenteuer nichts mehr im Wege – man sollte sich allerdings im Klaren darüber sein, dass für diese Reise nur ein *one-way*-Ticket ausgestellt wird. Ein Zurück gibt es nicht, und wer ein wenig zu schnell oder ein wenig zu lang unterwegs ist, kann schnell zu einer Erde zurückkehren, auf der kein Mensch mehr existiert, der bei seiner Abreise noch gelebt hat. Oder auch: gar kein Mensch.

BILDNACHWEIS

S. 8/9: Midiwaves / Shutterstock.com;
S. 9: ESA & MPS for OSIRIS Team MPS/UPD/LAM/IAA/RSSD/INTA/UPM/DASP/IDA, CC BY-SA 3.0 IGO; FlashMovie / Shutterstock.com; NASA/JPL-Caltech;
S. 12, 13: Constantine Vladimirovich / Shutterstock.com;
S. 14/15: Leo Francini / Shutterstock.com;
S. 16/17: Nayeryouakim - Own work, CC BY-SA 4.0, https://commons.wikimedia.org/w/index.php?curid=55228305;
S. 19: Richard Bowden / Shutterstock.com;
S. 21: mirzavisoko / Shutterstock.com;
S. 22: Orhan Dogut / Shutterstock.com;
S. 24/25: Lukas Bischoff Photograph / Shutterstock.com;
S. 27: Cammie Czuchnicki / Shutterstock.com;
S. 29, 30/31: Andrey Armyagov / Shutterstock.com;
S. 32/33: Alexander Mazurkevich / Shutterstock.com
S. 34: ignatius 63 / Shutterstock.com;
S. 37: iStockPhoto.com / GlobalP;
S. 38/39: Kiki Dohmeier / Shutterstock.com;
S. 40/41: gagarych / Shutterstock.com;
S. 42: Vojtech Flidr / Shutterstock.com;
S. 43: Duncan Andison / Shutterstock.com;
S. 44: R Scapinello / Shutterstock.com;
S. 46/47: JVHEPhoto / Shutterstock.com;
S. 48: Kaca Skokanova / Shutterstock.com;
S. 50/51: FloridaStock / Shutterstock.com;
S. 52: picture alliance / AP Photo;
S. 53: NASA Earth Observatory;
S. 54: Kiselev Alexey / Shutterstock.com;
S. 56/57: IrinaFedotova / Shutterstock.com;
S. 58: Cookson69 at English Wikipedia (CC BY-SA 3.0);
S. 59: Paolo Costa / Shutterstock.com;
S. 61: Nodir Tursunzade / Shutterstock.com;
S. 63: thomas koch / Shutterstock.com;
S. 65: Alessandro De Maddalena / Shutterstock.com;
S. 66: Joost van Uffelen / Shutterstock.com;
S. 68/69, 70: Cherkashin Denis / Shutterstock.com;
S. 72/73: Steven Fish / Shutterstock.com;
S. 75: wernermuellerschell / Shutterstock.com;
S. 76/77: iStockPhoto.com / dani3315;
S. 79: iStockPhoto.com / lisad1724;
S. 80/81: Rob Crandall / Shutterstock.com;
S. 83: Kichigin / Shutterstock.com;
S. 84/85: Sergey Orlov /Shutterstock.com;
S. 86/87, 88/89: NASA/JPL-Caltech/Cornell/Arizona State Univ.;
S. 91: Rafal Cichawa / Shutterstock.com;
S. 92/93: Chris Howey / Shutterstock.com;
S. 95: iStockPhoto.com / OscarCatt;
S. 96/97: Oleg Znamenskiy / Shutterstock.com;
S. 98/99: Evelyn Dutra / Shutterstock.com;
S. 101: Sergey Uryadnikov / Shutterstock.com;
S. 103: Nila Newsom / Shutterstock.com;
S. 104/105: Rich Carey / Shutterstock.com;
S. 106: irisphoto1 / Shutterstock.com;
S. 108/109: SipaPhoto / Shutterstock.com;
S. 110: Becky Stares / Shutterstock.com;
S. 111: NASA Earth Observatory image by Jesse Allen, using Landsat data from the U.S. Geological Survey;
S. 113: Russ McKamey / McKamey Manor;
S. 115: NASA; S. 116/117: Anuradha Marwah / Shutterstock.com;
S. 118: PhotocechCZ / Shutterstock.com;
S. 120/121: The Pilot's-Eye View / Shutterstock.com;
S. 122/123: iStockPhoto.com / FrankvandenBergh;
S. 125: Quality Stock Arts / Shutterstock.com;
S. 126/127: Bildagentur Zoonar GmbH / Shutterstock.com;
S. 130/131: marienalien / Shutterstock.com;
S. 132: John Wollwerth / Shutterstock.com;
S. 134/135: Chris Troch / Shutterstock.com;
S. 136: ronnybas frimages / Shutterstock.com;
S. 138/139: Bryan Brasil / Shutterstock.com;
S. 141: Denis Belitsky / Shutterstock.com;
S. 142/143: Serg Zastavkin / Shutterstock.com;
S. 144: Constantine Vladimirovich / Shutterstock.com;
S. 145: Venera Salman / Shutterstock.com;
S. 146: Michael Wick / Shutterstock.com;
S. 148/149: MOROZ NATALIYA / Shutterstock.com;
S. 150/151: YURY TARANIK / Shutterstock.com;
S. 153: Roberto Galan / Shutterstock.com;
S. 154/155: gary718 / Shutterstock.com;
S. 156: iStockPhoto.com / weible1980;
S. 159: hinterhof / Shutterstock.com;
S. 160/161: Gts / Shutterstock.com;
S. 163: James van den Broek / Shutterstock.com;
S. 164/165: T. Kretschmer / Shutterstock.com;
S. 167: Miki Studio / Shutterstock.com;
S. 169: The Visual Explorer / Shutterstock.com;
S. 170/171: iStockPhoto.com / Colin_Hunter;
S. 173: Bill Evans, USGS;
S. 174/175: iStockPhoto.com / Fabian Plock;
S. 177: iStockPhoto.com / photomaru;
S. 178/179: juanluisdiazsocci / Shutterstock.com;
S. 182/183: Semen Trofimov / Shutterstock.com;
S. 185: Oleg Golovnev / Shutterstock.com

Ein unterhaltsamer Reiseknigge für Down Under

Nichts liegt ferner: Das Land der Kängurus und Koalas. Einsame Traumstände und faszinierende Metropolen. Ayers Rock und das Great Barrier Reef. Und dazu der niemals endende Sommer! Das klingt doch paradiesisch – in einem solch unkomplizierten Land kann ja eigentlich nichts schiefgehen, oder?

Weit gefehlt. Auch in Down Under gibt es unzählige Gelegenheiten, sich kopfüber ins sprichwörtliche Fettnäpfchen zu stürzen. Oder wissen Sie auf Anhieb, was zu tun ist, wenn Sie die Spinne beißt oder das Känguru boxt?

Begleiten Sie Software-Spezialisten Steffen und Studentin Lena ins Land der schier unendlichen Weite und lernen Sie gemeinsam mit den beiden die Eigenheiten des fünften Kontinents kennen.

»Es ist schon einige Zeit her, dass mich ein Buch über Australien so begeistert und fasziniert hat wie dieses.«
— Reisebine Australien

»Das Buch ist absolut empfehlenswert.«
— Work and Travel Magazin

Markus Lesweng
Fettnäpfchenführer Australien
Wie man dem fünften Kontinent auf den Busch klopft

ISBN 978-3-95889-174-6
ISBN 978-3-95889-224-8

CON BOOK.

Packender Erfahrungsbericht über eine Wanderung durch die Mongolei

Zu Fuß und ganz auf sich allein gestellt durchqueren die 22-jährige Franziska und ihr Freund Felix den Westen der Mongolei. Ihr Weg führt sie mitten ins Nirgendwo, wo es weder feste Pfade noch Wegweiser gibt und wo sie tagelang keiner Menschenseele begegnen. Mit dabei: ein Zelt, Astronautennahrung und ein paar uralte russische Militärlandkarten.

Franziska und Felix quälen sich Berge hoch und fallen Böschungen runter, sie stecken in reißenden Gletscherflüssen fest und werden von einer donnernden Herde Yaks umzingelt. In der Einsamkeit haben sie aber auch seltene, magische Begegnungen. Und sie lernen viel über sich als Paar, das durch die extreme Erfahrung über sich hinauswächst.

Franziska Bär
Ins Nirgendwo, bitte!
Zu Fuß durch die mongolische Wildnis

ISBN 978-3-95889-179-1
ISBN 978-3-95889-208-8

CON BOOK.

Eine Kündigung, 22 Länder und ein besonderer Reisebegleiter

An ihrem ersten Tag nach der Elternzeit bekommt Gabriela die Kündigung auf den Tisch. Auf einmal ist sie fast 40, Mutter, ohne Job – und sämtliche Bewerbungen laufen ins Leere. Erst als sie mit ihrem kleinen Sohn aus dem Alltag ausbricht und auf Reisen geht, spürt Gabriela wieder so etwas wie Ruhe und Leichtigkeit.

Immer wieder verschlägt es die beiden an die ungewöhnlichsten Orte, ob in Asien, Südamerika oder im Osten Europas. Unterwegs erkennt Gabriela, dass man manchmal im Leben mit beiden Händen loslassen muss, um wieder neu greifen zu können.

Gabriela Urban
Wie Buddha im Gegenwind
Eine Kündigung, 22 Länder und
ein besonderer Reisebegleiter

ISBN 978-3-95889-199-9
ISBN 978-3-95889-206-4

CON BOOK.